AF145003

Hippolyt August Schaufert

Schach dem König

Hippolyt August Schaufert

Schach dem König

ISBN/EAN: 9783743635678

Hergestellt in Europa, USA, Kanada, Australien, Japan

Cover: Foto ©Andreas Hilbeck / pixelio.de

Weitere Bücher finden Sie auf **www.hansebooks.com**

Den Bühnen gegenüber als Manuskript.
Ausschließlich durch das Internationale Theater = Geschäfts=
Bureau in Wien (Administration A. Landvogt) auf recht=
mäßige Weise zu beziehen.　　H. A. Schauffert.

Schach dem König.

Historisches Lustspiel in vier Akten

von

H. A. Schauffert.

....
Preis-Lustspiel.
....

Wien, 1869.
Im Verlag von A. Landvogt.
Druck von J. B. Wallishausser.

Personen:

Besetzung des k. k. Hof-Burgtheates.

Jakob I., König von England . . . . Hr. La Roche.

Heinrich, Prinz von Wales . . . . Hr. Stätter.

Robert Carr, Viscount Rochester, Günstling des
König . . . . Hr. Krastel.

Robert Cecil, Graf von Salisbury, Staats-
sekretär und Großschatzmeister . . . . . . Hr. Rettich.

Lord Henry Rich . . . . Hr. Sonnenthal.

Charles, dessen Page . . . . Frl. Kratz.

Ludwig Stuart, Herzog von Lennox, Obersthofmeister des Königs . . . . Hr. Franz.

Graf Montgomery . . . . Hr. Gabillon.

Lord Chandos . . . . Hr. F. Kierschner.

Lord Hay . . . . Hr. Lewinsky.

Prinzessin Elisabeth . . . . Fr. Gabillon.

Isabella Cope, Hofdame derselben . . . . . Frl. Bandins.

Herzogin von Lennox . . . . Fr. Haizinger.

Gräfin Montgomery . . . . Frl. Röckel.

Lady Chandos . . . . Fr. Nornek.

Georg Calvert, Geheimschreiber des Königs . Hr. Hartmann.

John Thomson, Schiffsrheder . . . . Hr. Förster.

Harriet, dessen Tochter . . . . Fr. Hartmann.

Irving, Leibarzt des Königs . . . . Hr. Meixner.

Archie Armstrong, Hofnarr . . . . Hr. Baumeister.

Erster ⎫
        ⎬ Dieb . . . . Hr. Schöne.
Zweiter ⎭ . . . . Hr. Arnsburg.

Ein Schenkwirth . . . . Hr. Burggraf.

Ein Edelmann . . . . Hr. Altmann.

Ein Kämmerer . . . . Hr. Zehly.

Erster ⎫
        ⎪
Zweiter ⎬ Constabler . . . . Hr. E. Kierschner.
        ⎪ . . . . Hr. Ferrari.
Dritter ⎭ . . . . Hr. Berstl.

Hofherren. Hofdamen.

Ort der Handlung: London. — Zeit: 1612.

———————

Erster Akt.

Großer Empfangsaal im Palast zu Whitehall mit Thüren nach drei Seiten.

Erste Scene.

Rich und Charles (im Gespräch).

Rich.

Sie verweigert mir die Zusammenkunft?

Charles.

Ja, Mylord.

Rich.

Verdammt! Geh', Charles, warte im Vorsaal, der Hof kann jeden Augenblick erscheinen. — Sie lächelte, sagtest Du?

Charles.

So ein ganz klein wenig, ja!

Rich (für sich).

Sie lächelte; Das ist der Trost.

Charles (abgehend).

Mylord ist sterblich verliebt. Ach, armes Fischlein an der Angel, tanzen mußt Du, wie die Schnur zieht. (Mitte ab.)

Rich (allein).

Ein Senkblei und Weiberlaunen zu ergründen! Seit ach Tagen weicht sie mir aus, mir, ihrem Verlobten, ohne daß ich errathe, warum.

Zweite Scene.

Vorige. Lenox. Montgomery. Chandos. (Durch die Mitte.)

Montgomery (zu Lenox.)

Sehr unangenehm für Eure Herrlichkeit, sehr unangenehm! — Sieh' da, Lord Rich!

1 *

Rich.

Nun, Mylord, was gibt's?

Montgomery.

Was es gibt? Einen Hochverrathsprozeß, Freund, eine Anklage auf Leib und Leben, wobei die Frau Herzogin für Lord Bakon den Kronanwalt machen wird. Kurz — Seine Herrlichkeit raucht!

Chandos (zu Rich).

Ja, Mylord, das ist sein ganzes Verbrechen.

Montgomery.

Die schreckliche Entdeckung! Ludwig Stuart, Herzog von Lenox, Obersthofmeister Seiner britischen Majestät, ist — um in Seiner Majestät Sprache zu reden — ein Schornstein der Hölle geworden.

Rich.

Raucht Ihr nicht, Graf Montgomery?

Montgomery.

Raucht Ihr nicht, Lord Rich?

Chandos.

Zum Henker mit diesem Versteckspiel! Wer kehrt sich an das tolle Verbot? Ich nicht, und das will ich dem König in's Gesicht sagen.

Rich (nachdenklich).

Es ist eine herrliche Erfindung.

Montgomery.

Wie keine zweite seit der Buchdruckerkunst!

Chandos.

Meint Ihr? Und doch eifern alle Potentaten Europa's gegen das Rauchen und verfolgen es als einen lebens= und staatsgefährlichen Wahnsinn. Weiß Einer, warum der arme Raleigh seit so vielen Jahren im Tower sitzt? Aus keinem andern Grunde, schwör' ich als weil er die Tabakspfeife aus Birginien herüberbrachte.

Rich.

Ein zweiter Prometheus!

Montgomery.

Was wollt Ihr? Die gelehrten Forschungen Sr. Majestät haben zu Tage gebracht, daß Walter Raleigh's Kraut ein

Gemüse aus des Teufels Küchengarten ist, ein Gift, das Leib und Seele tödtet. Und Seine Herrlichkeit hier gehört zu den Todtkranken.

Rich (zu Lenox).

Versteh' ich recht, 'so will die Frau Herzogin als Kläge=rin gegen Ew. Herrlichkeit vor dem König erscheinen?

Lenox.

So sagt man.

Rich.

Unerhört!

Montgomery.

Und fatal dazu! Wie meinen Eure Herrlichkeit? Nicht um tausend Pfund möcht' ich heute an Euerm Platze stehen

Chandos.

Ich auch nicht!

Lenox.

Ich stand schon an schlimmern.

Rich.

Jetzt versteh' ich das fremdartige Benehmen meiner Braut gegen mich! 'S ist eine Verschwörung im Werk, eine vollstän=dige weibliche Verschwörung! Und ich fürchte, wir ziehen den Kürzeren!

Montgomery.

Wir? Ihr wollt sagen, der Herzog!

Rich.

Wer verbürgt Euch, was Lady Montgomery morgen thun wird? Thorheit ist ein ansteckendes Uebel, Freund!

Montgomery.

Ah Mylord, keine Sorgen. Gesetzt, auch ich rauchte — was ich mit keinem Worte zugestand, — so ist doch die Liebe meiner Frances eine Burg, in der ich sicher wohne.

Chandos.

Liebe? Das alte Steckenpferd! Zucht ist die Hauptsache! Lady Chandos erkennt ihren Herrn und Meister in mir, das genügt.

Rich.

Wie kommt's, daß die Damen die Tabakspfeife nicht leiden mögen?

Montgomery.

Eiferfucht, Freund! Sie gönnen ihr den Plaß am Munde der Männer nicht.

Dritte Scene.

Borige. Calvert. Von links.

Montgomery.

Da kommt der Beichtvater Seiner Majeftät!

Chandos.

Mit der Feder hinter'm Ohr!

Calvert.

Einen unterthänigften guten Morgen, Mylord's.

Montgomery.

Nun, Freund Calvart, was Neues? Ift es wahr, daß Ihr heute Hochzeit macht?

Calvert.

Zu dienen, gnädiger Herr!

Rich.

Mit wem?

Montgomery.

Mit der fchönen Tochter eines dicken Schiffsrheders am Paulswerft. Ich kenne den Mann. Meifter Calvert heiratet mindeftens fünfhundert Pfund per Jahr.

Calvert.

Darf ich fragen, ob Doktor Irving in der Nähe ift?

Rich.

Ich fah ihn nicht.

Chandos.

Ift der König unwohl?

Calvert.

Nichts weniger als das. Se. Majeftät befindet fich in der großen Galerie und gibt einer Deputation von Fifch= weibern Audienz, welche ihre Männer wegen Tabakrauchens verklagen.

Montgomery (zu Lenox).

Habt Ihr's gehört, Mylord?

Calvert.

Se. Majestät ist eben daran, ihnen einige Kapitel aus Misokapnos, der neuen königlichen Schrift, gegen das Tabak= rauchen, vorzulesen. Der König liest, und die Fisch= weiber klatschen. — Aber ich werde erwartet und muß mich empfehlen, Mylords! (Will ab.)

Montgomery.

Noch Eins, Calvert! Weiß der König von dem Vor= haben der Frau Herzogin?

Calvert.

Kein Wort! Und ebenso wenig von dem der zwei andern Lady's.

Montgomery.

Der zwei andern? Wer wäre das?

Calvert.

Davon wüßtet Ihr nichts, Mylord?

Montgomery.

Ich? Warum ich?

Calvert.

Nun, Mylord, so viel mir bekannt, ist es Lady Mont= gomery und Lady Chandos.

Montgomery.

Seid Ihr verrückt, Mann?

Chandos.

Meine Frau?

Calvert.

Verzeihung, wenn ich im Irrthum sein sollte, aber meinen Nachrichten zufolge fand gestern Abend unter dem Vorsitz von Prinzessin Elisabeth's Gnaden noch eine weibliche Versammlung statt, woran die beiden Lady's Theil nahmen. Man einigte sich dahin, daß drei Klägerinnen auf einmal vor Se. Majestät auf= treten sollten. Das Loos wurde geworfen und traf Lady Mont= gomery und Lady Chandos.

Chandos.

Alle Teufel!

Calvert.

Ich empfehle mich, meine Herrschaften. (Ab.)

Lenox (zu Montgomery, ihm die Hand auf die Schulter legend).

Nun, Graf, Ihr wolltet nicht um tausend Pfund auf
meinem Platze stehen. Jetzt steht Ihr umsonst drauf.

Rich (zu Chandos).

Es geht nichts über ehrliche Zucht, Mylord!

Montgomery (leidenschaftlich).

'S ist unmöglich! Ich kenne meine Frances!

Rich (zu Montgomery).

Eine sichere Burg, Mylord!

Chandos.

Dieser Calvert ist ein Schwätzer, ein Lügner! Meinen
Kopf wett' ich d'rauf!

Rich.

Seinen Kopf, als ob er den Kopf nicht schon verloren
hätte! — Still, der König!

Vierte Scene.

Vorige. König. Cecil. Armstrong. Gefolge.
(Seitenthüre rechts.)

König.

Sehr zum Verdruß gereicht es uns, Mylord's,
Daß wir der Einfalt dreier ungelehrten
Fischweiber diese Kunde danken müssen,
Die schlimmste, kläglichste, die unser Ohr
Erreichen konnte! — Hören müssen wir,
Daß jene schwarze Pest, die scheußlichste
Geburt des Satans, die dem Abgrunde je
Entstieg, die Welt zu ängsten — der Genuß
Des Tabaks, den wir für den ganzen Umfang
Des Reiches jüngst durch ein Verbot geächtet,
Stets weiter um sich frißt und — vae et dolor! —
In unserm London selbst, so recht im Herzen,
Schon seinen Sitz hat. Das gemeine Volk
Berauscht sich in dem neuen Gift; der Fischer,
Der lump'ge Fischer flickt sein Netz und raucht,
Ja, raucht, Mylord's, wirft seinen letzten Penny, —

Mag unterdessen Weib und Kinder verhungern —
Hinunter in der Hölle off'nen Schlund
Und bläst dem Teufel Leib und Seele zu.
Und wir erfahren nichts? Wie kommt's, zum Henker,
Daß keiner dieser feinen Lords um uns,
Je einen Nothruf schallen ließ? Vor Allem
Ihr, Salisbury, allerpfiffigster
Herr Großschatzmeister, Ihr, bestelltes Auge
Von England?

   Cecil (sich verbeugend, langsam und getragen).

   Ferne sei's, mein gnäd'ger Fürst,
Daß wir das Auge Englands tiefer suchen,
Als Englands Haupt.

     König.

   Ja, ich versteh' Euch wohl.
Hand stulto canis — gelt, die Majestät
Soll für Euch alle seh'n?
Ei freilich, wir sind Gottes Stellvertreter
Und Abbild, doch gebunden in den Leib
Der unvollkomm'nen Zeitlichkeit!

    Armstrong.

Wie ein hübsches Buch in Schweinsleder, Onkel,

    König.

Gott helf' uns von dem Uebel, dieser Raleigh
Mit seinem Kraut ist Englands böser Engel.

    Armstrong.

  König Salomo war von Deiner Figur, Onkel, und ich
bin sein Erbe.

    König.

Sein Erbe? Darüber sollst Du Dich verantworten, Bursche!

    Armstrong.

  Ei, er schrieb Bücher, Onkel, und war gelehrt und
weise, denn er sagte zur Königin von Saba, es sei Alles
eitel unter der Sonne. Darum nahm er fünfhundert Weiber
auf einmal und die strickten ihm eine hübsche Kappe!

    König.

Eine Kappe, Schelm?

   Armstrong (auf seine Schellenkappe deutend).

  Ja, eine Kappe, Onkel, und die hat er mir vermacht.

König.

Trauriges Loos der Fürsten! Jeder Narr
Sitzt über einen König zu Gericht!
Doch still! Hier kommt es hell, wie Sonnenaufgang

Fünfte Scene.

Vorige. Elisabeth. Herzogin von Lennox.
Gräfin Montgomery. Lady Chandos. Isabella.
Hofdamen, von links.

Montgomery (für sich lebhaft).

Jetzt kitzelt mich mit Nesseln! Meine Frances in der
vorderften Reihe!

Chandos (für sich lebhaft).

Lady Chandos! Teufel, jetzt wird's Ernst!

Elisabeth.

Heil meinem königlichen Vater!

König.

Was soll das Betty? Sprecht! Denn sicherlich seid Ihr
Der Feldherr dieser reizenden Armee.
Ihr wollt doch nicht, wie einst der tolle Raleigh,
Den echten König gar gefangen nehmen?

Elisabeth.

Den König nicht, jedoch des Königs Herz
Für unser unterdrücktes gutes Recht! —

König.

Ei, das ist seltsam! Sprecht, wer kränkte Euch?

Elisabeth (halb gegen die Lords).

Sie, die, dem königlichen Willen trotzend,
Euch selbst gekränkt, mein Vater, Bastardsöhne
Von König Arthur's Tafelrunde, Ritter
Mit Herz und Schwert von Holz, zum Spott gedrechselt,
Die ihren hohen Muth an Damen kühlen,
Nicht ahnend, daß der echte Ritterschlag
Im Lächeln schöner Frauenaugen wohnt.
Von welcher Art die schwere Kränkung sei,
Die wir erdulden, das hier zu erörtern,

Sei Sache dieser edlen Herzogin,
Deren Beredsamkeit noch mehr bekannt
Ist, als ihr Unglück.

König.

Nun, Frau Herzogin,
Schlagt Euern Text auf! (Da sie niederkniet)
Wie zu unsern Füßen?

Herzogin.
Leicht kniet, mein Fürst, wen Elend niederdrückt.

König.
Was, Elend? Nein, ich bitt' Euch, gute Base,
Steht auf! (Er hebt sie auf.)
Und nun vertraut uns Euer Elend,
Und sagt uns, wie man helfen kann. Laßt hören!

Herzogin.
So klag' ich hier denn laut und feierlich
Um schwere Schädigung an Leib und Leben,
Mit kalter Grausamkeit durch den verübt,
· Den göttliches und menschliches Gesetz
Zum Schützer mir berief.

König.
Ei, Vetter Lennox,
Ich glaube gar, das zielt auf Euch!

Herzogin.
Auf ihn,
Mein Fürst, mit diesem steinernen
Gesicht, das weder Furcht noch Mitleid kennt.
O ja, schaut ihn nur an, mein Fürst! So, wie
Er dasteht, der gemalten Unschuld gleich,
Raucht er Tabak, seit Jahr und Tag Tabak!

König (zurückfahrend).
Gott steh mir bei! Weib, seid Ihr toll?

Herzogin.
Fragt ihn
Doch selbst, mein Fürst!
König.
Vetter, Vetter! Ihr antwortet nichts?

Lennox (gelassen).
Was soll ich sagen, Majestät? Es ist so.

König.

Ein Herzog, der raucht! O armes England!

Armstrong (gegen Lennox).

Einen Amtsrock von Spinnweb für Euch, Ihr war't die
längste Zeit Obersthofmeister!

König (auf= und abgehend).

Vae et dolor! Jammer über Jammer! O unglückliches Land!
Der Teufel bricht auf dich ein, wie eine Sündfluth! Wer
kann ihn meistern, wenn die Ersten, Edelsten seine Livrée
tragen!

Lennox.

Mein gnäd'ger Fürst —

König (heftig).

Tretet zurück, Vetter, mir schaudert vor Euch! Tretet
zurück! — Sprecht, Base, seit wann ist er so?

Herzogin.

Ein Jahr und d'rüber, Euer Majestät!
Bis dahin, darf ich ihm zum Lobe sagen,
Glich unser Eh'stand einem guten Jahrgang,
Halb Regen und halb Sonnenschein.

Isabella (zur Prinzessin, schalkhaft).

Doch hörte
Man hie und da von einem Donnerwetter!

Elisabeth (in gleichem Tone).

Still, Belly! Das gehört zum guten Jahrgang.

Herzogin.

Als nun nach manchem langen Jahr der Himmel
An mir, der zweiten Sarah, Wunder that,
Daß ich ein schmuckes Knäblein Sr. Lordschaft schenkte,
Da wurde unser Leben — bisher nur
Ein guter Werktag — festlicher Palmsonntag,
Und blieb's bis auf den Abend, wo mein Ludwig
Die erste Pfeife mit nach Hause brachte.
Seitdem ist's Aschermittwoch!

Elisabeth.

O undankbarer Vater Abraham!

König.

Ein wenig kürzer, Base!

Herzogin.

Erst, mein Fürst,
Trieb er's mit einer kurzen Pfeife, dann
Mit einer langen, und jetzt hängen drei,
Drei lange Pfeifen über seinem Bett,
Die grinsend auf mich Aermste niederschau'n.

König.

's ist jammervoll! Was war doch dieser Mann
Vor einem Jahre noch! Ein gold'nes Muster
Von Christ und Unterthan! Und jetzt auf einmal
Wie tief herabgekommen! — Base, wie?
Spracht Ihr nicht auch von Kranksein?

Herzogin.

Gnäd'ger Fürst,
Betrachtet mich. Ihr seht nur noch den Schatten
Von dem, was einst gewesen. Seit ich täglich
Einathmen muß den giftig eklen Dunst,
Welk' ich wie eine Blume überm Feuer!

Rich.

Eine Blume?

Armstrong.

Ja, und ein recht alter, ehrwürdiger Stengel dazu.

Herzogin.

Ich fühle mehr und mehr die Lunge schwinden,
Ein Krampf spricht mit dem andern, und mein Antlitz,
Das allen Glanz verlor —

Montgomery.

Ihr Antlitz?

Rich.

Nein, an dem war nichts zu verderben.

Armstrong.

Gott vergeb' Euch! 's ist recht hübsch pfefferbraun
geräuchert.

Elisabeth.

In Wahrheit, Vater, Ihre Herrlichkeit
Ist um zehn Jahre wenigstens gealtert.

Herzogin.

Und täglich wank' ich meinem Grabe näher.

Lennox.

Ich auch! Wer thut es nicht? — Mein Fürst, erlaubt
Mir nun das Wort!
Wieviel wollt Ihr ihr glauben!
Sie ist ein Weib, dem's kurz gesagt, zu gut geht
Und wenn der Teufel Einbildung sie plagt
So plagt sie mich. Die wäre krank, mein Fürst?
Im Hirn, das glaub ich selbst! Daß ihre Lunge
Noch recht gesund ist, davon könnt' ich wohl
Ein Liedchen singen. —

Herzogin.

Der Abscheuliche!

Lennox.

Wahr ist nur das Eine,
Daß sie gealtert ist — wer altert nicht?
Ich selbst bin fünf und fünfzig Jahr gealtert,
Seit ich der Mutter Schooß verließ, — doch wollt' ich,
Ich hätte nimmer diesen Tag erlebt.

König.

Das wollt' ich auch! Ach, armer Vetter! Lieber
Säh' ich Euch todt und eingesargt als so,
Wie Ihr jetzt vor mir steht. Ich sag' Euch, Mann.
Dies Weib ist krank, muß krank sein, — doch Ihr selbst
Seid kränker noch, an Leib und Seele krank! —
Vetter, Vetter! Der Teufel
Ist mächtig in Euch. Betet, Vetter, betet,
Daß er nicht ganz Euch in Besitz nimmt! — Vetter,
Ihr wißt, wir wollen herzlich Euer Bestes.
Was wir als Souverain von dem Gehorsam
Des ersten Unterthanen fordern könnten,
Wir bitten d'rum als Vetter und als Freund:
Schwört ab dem Teufel, laßt das Rauchen sein!

Lennox.

Ich kann nicht glauben, daß der Teufel was
Mit dem Tabak zu schaffen hat.

König.

Nicht glauben?
Was anders als der Teufel kann es sein,
Das einen Menschen, dieses auserwählte
Gefäß der hohen göttlichen Vernunft,
Herumhetzt, einen Feuerbrand im Mund
Und rauchend wie ein Schlot!
Unsel'ger Vetter, müßt gerade Ihr

Der Einz'ge unter Englands Edlen sein,
Der seine arme Seele in den Rachen
Des Moloch wirft?

    Elisabeth (schalkhaft).

  Der Einz'ge nicht, mein Vater.
Hier steh'n zwei And're, die nicht besser sind!
Myladies, Euer Stichwort!

   Gräfin Montgomery (schüchtern).

      Gnäd'ger Fürst,
Die gleiche Noth zwingt uns zu gleicher Klage,
Doch mit dem Unterschied, daß mein Gemahl
Blos eine einz'ge lange Pfeife raucht.

    Lady Chandos (schüchtern, kleinlaut).
Und mein Lord nur ein Pfeifchen, gnäd'ger Fürst.

     Montgomery.
Ein Wort, mein Fürst, erlaubt —

      König (aufbrausend).
Kein Wort! Zu straff schon spannt' ich meine Langmuth!
Ei, kecke Lord's, meint Ihr, Zeus lebt nicht mehr,
Wenn Ihr nicht seinen Donner hört? Ihr sollt
Ihn hören! Unser fürstliches Gebot
Habt Ihr verletzt, dem Volk zum schlimmen Beispiel.
Wir sind ein freier König, nicht gewillt,
In uns'rer Luft Rebellentrotz zu dulden
Der uns noch obendrein in die Gesellschaft
Des Teufels bringt! Wohlan denn! Laßt die Pfeife,
Oder laßt uns! Euch zu bedenken habt
Ihr einen Tag! Wählt zwischen dem Tabak
Und der Verbannung von des Königs Hof!
Folgt uns, Lord Kanzler!

     Armstrong.
Tres faciunt collegium.
(König, Cecil, Armstrong und Hofleute rechts ab, Lenox
  langsam durch die Mittelthür ab.)

     Elisabeth.
Zu diesem Banne füg' ich einen zweiten,
Der seinen Kreis noch weiter zieht, so weit,
Als auf der Insel des gepries'nen England's
Die Schönheit Hof hält, süßer Liebe Rosen
Auf Frauenlippen athmen. Weh' dem Manne
Von heut' an, der Tabak raucht! Wo der schlimme Geier

Zur Erde rauscht, da fliegt die Taube auf!
Mit solchem Unhold eine Liebschaft sei
Das ärgste, todeswürdigste Verbrechen,
Das zwischen Himmel sich und Erde findet.
Wählt zwischen Tabak und Liebe!

    Isabella (Rich scharf und bedeutungsvoll ansehen d).
Wählt zwischen Tabak und Liebe!
      (Alle Damen links ab.)
     Chandos (nachrufend).
Geht zum Kukuk! Ihr habt uns nöthiger, als wir Euch!
    Montgomery (leidenschaftlich).
O Eva! Eva! — Nun, Mylord's, lachen wir Eins?
      Chandos.
Nein, bei Gott! Mir ist's mehr um's Fluchen, als um's
Lachen! —
       Rich.
Mir dünkt der zweite Bann noch schrecklicher als der erste.
      Ein Edelmann.
Schönste Aussichten für Englands Adelstand.
     Graf Montgomery.
Gehen wir, Mylord's!
      Chandos.
Wohin?
     Montgomery.
Zum Teufel meinetwegen, nur nicht nach Hause!
      Edelmann.
In der Windmühle speist man vortrefflich!
     Montgomery.
In der Windmühle also! Vorwärts! Ein Glas auf Sr.
Majestät Gesundheit!
     (Alle ab bis auf)
      Rich.
Zu Kreuze kriecht Ihr doch. Ein Fisch wird eher vom
Wasser lassen, als Lord Chandos vom Hof oder dieser Mont-
gomery von seiner schwarzäugigen Burg, Frances genannt. —
Wie steht's mit meiner eigenen Rechnung? Isabella sah
mich so scharf an beim Weggehen. Wär's möglich, daß ich
entdeckt bin? Bei aller Vorsicht, die ich gegen ihre Schlauheit
aufbot — nur im Schlafzimmer zu rauchen und hinter ver-
schlossener Thüre! Hat je ein junger Lord mehr für seine Liebe
gethan?

Fünfte Scene.

Rich. · Isabella.

Rich.

Isabella?

Isabella.

Zweifelt Ihr daran, daß sie's ist?

Rich.

Ich dürfte wohl. Seit Ihr meinen Pagen dreimal ab=
gewiesen, dachte ich nicht mehr, Euch auf Erden zu begegnen.

Isabella.

Schlimm für Euch, denn im Himmel begegnet Ihr mir
gewiß nicht. Daß Ihr mir hier begegnet, dankt der Prinzef=
sin, die mich mit einem Auftrag zu Euch befahl, und ich ging
ebensogern, als zu einem Begräbniß. Ihro Gnaden wünscht
Euch augenblicklich zu sprechen.

Rich.

Wißt Ihr den Zweck?

Isabella.

Ein christlicher Tugendzweck! Was Gott zusammenfügte,
soll die Tabakspfeife nicht trennen, sagt Mylady, und beschloß
also, sämmtliche Ehen, die heute Morgen aus dem Leim gin=
gen, wieder zusammen zu leimen. Und dabei sollt Ihr der
Pinsel sein, mit dem der Leim aufgestrichen wird.

Rich.

Sehr verbunden! Aber in der That, nach dem Kavallerie=
angriff der Hofamazonen von vorhin war ich auf diesen Frie=
denswind nicht gefaßt. Will die Prinzessin eine zweite Penelope,
am Tage wieder auflösen, was sie bei Nacht gesponnen? Aber
wozu spann sie denn?

Isabella.

Gott schütz' Euch Mylord, denn Euer Witz kann es
nicht. Habt Ihr nie gehört, daß ein kluger Diplomat zuerst
Alles verlangt, um der Hälfte sicher zu sein? Und wir Weiber
sind gebor'ne Diplomaten.

Rich.

Also eine Art Vermittlung, ein Vergleich? Ach dazu
wäre Lord Hay der rechte Mann, denn Ihr wißt, er ver=

2

mittelt Alles. Schließen Gott und der Teufel einmal Frieden, so könnt Ihr darauf schwören, daß Lord Hay ihn vermittelt hat.

Isabella.

Wo ist er?

Rich.

Er war nicht beim Empfang.

Isabella.

Wollt Ihr ihn mit zur Prinzessin bringen?

Rich.

Ich will es, Isabella. Was will ich nicht, wenn Ihr es wünscht.

Isabella.

Ist's möglich? Nun, Mylord, ich wünsche unter Anderem, daß Ihr Euch mit einer Tabakspfeife vor mir sehen laßt.

Rich.

Wie?

Isabella.

Ich bitt' Euch, thut's! Versagt dem Altar der Liebe diesen Weihrauch nicht.

Rich.

Ich versteh' Euch nicht.

Isabella.

Ich versteh' Euch, denn ich lese in Euern Augen.

Rich.

Was les't Ihr darin?

Isabella.

Eine Tabakspfeife. — Wie läßt sich der Page an, den ich Euch kürzlich überließ?

Rich.

O ein allerliebster kleiner Teufel. Schlau gewandt und verschwiegen.

Isabella.

Verschwiegen! — (Beiseite) Besonders gegen den eigenen Herrn. — Vortreffliche Eigenschaften! Würd' ich ihn Euch sonst geschenkt haben? (tritt ab.

Rich.

Isabella! Ohne Abschied?

Isabella (reicht ihm die Hand zum Kusse).

Bessert Euch! (Ab.)

Rich (allein).

Bessert Euch! Kein Zweifel, sie weiß Alles und stellt mir die Wahl zwischen Tabak und Liebe. Mir, dem leiden=schaftlichsten Raucher in England! Ehe ich hier wähle, will ich ihren Argwohn mit neuen unerhörten Vorsichtsmaßregeln betrügen. — He! Charles!

Charles (erscheint).

Mylord befehlen?

Rich.

Du gehst zu Schneider Perkins und bestellst mir für heute Abend acht Uhr einen Matrosenanzug.

Charles.

Wohl, Mylord! Auf acht Uhr?

Rich.

Ja, in meine Wohnung zu bringen. (Bei Seite.) Reicht dieß nicht, so rauche ich unterirdisch, und liebe über der Erde! (Mitte ab.)

Charles.

Das hinterbring' ich Lady Isabellen! — Ach, armer Lord, wüßtet Ihr, welches gefährliche Geschenk ich bin. Zum Scheine Euer Diener, in Wahrheit Euer Wächter! — Manch=mal schäm' ich mich, ihn so zu betrügen, weil er ein gütiger Lord ist. Aber den möcht' ich sehen, der nicht gehorcht, wenn meine schöne Lady befiehlt. Damendienst geht vor Herren=dienst! (Ab.)

Verwandlung.

Arbeitszimmer des Königs.

Sechste Scene.

Calvert. Irving.

Calvert.

Seine Majestät kann jeden Augenblick erscheinen. Wenn Eure Gelahrtheit auf einen Menschen hören will, der von jeher Andere besser berieth, als sich selbst, so pflichtet dem Inhalt der Schrift bei. Mir däucht, es ist das Schlimmste nicht, eines Königs Echo zu sein.

Irving.

Eines Königs Affe, wollt Ihr sagen.

2 *

Siebente Scene.

Vorige. König.

König.

Da seid Ihr endlich, Doktor! Ich übersandte Euch gestern ein Manuskript, habt Ihr es gelesen?

Irving.

Ja, Majestät.

König.

Sagt mir Euer Urtheil.

Irving. (langsam).

Es ist eine gelehrte Arbeit.

König.

Ja, und der Teufel! Ei, Mann, daß König Jakob seine Feder in Gelehrsamkeit taucht, weiß man in Rom so gut, als in Leyden. Aber ich frage, was haltet Ihr von den Hauptthesen, die ich aufstellte? Seid Ihr damit einverstanden?

Irving.

Nein, Majestät.

König (gereizt).

Nun, Gott straf' mich, wenn ich etwas Anderes von ihm erwartete!

Irving.

Gebietet mir lieber zu schweigen, Majestät. Da Ihr Eure Meinung über den Gegenstand bereits kennt, so glaubte ich, Ihr wolltet von mir die meinige hören.

König.

Das will ich! Was anders zum Kukuk? Wir sind ein Fürst, der die Wahrheit Schwester nennt. — Aber eine Frage beantwortet mir. Was versteht Ihr unter Tabak?

Irving.

Tabak ist das getrocknete Blatt einer aus Virginien zu uns herüber gekommenen Pflanze.

König.

Optime! Weiter nichts?

Irving.

Ich selbst bin kein Raucher, mein Fürst, und halte es für eine Thorheit des Zeitalters, daß es sich im Genuß des Tabaks ein neues eingebildetes Bedürfniß schuf. Aber gegen das Kraut an und für sich wüßte ich nichts Erhebliches zu sagen.

König.

Also ein unschuldiges Pflänzchen? Kein schleichendes Gift? Kein Mörder an Leib und Seele? Kurz, der Erb= feind der Menschheit steckt nicht dahinter?

Irving.

Für mich nicht, bevor meine Erfahrung Zeugniß dafür ablegt. Majestät, verzeiht. Wie Ihr mir selbst sagtet, habt Ihr niemals Tabak rauchen sehen, geschweige denn selbst ge= raucht Ja, Ihr kennt nicht einmal den Geruch des Krauts.

König.

Was folgt aus dem Argument?

Irving.

Dieses fürcht' ich, daß jeder Witzling eines Tages sagen wird: Er spricht von der Sache, wie König Jakob vom Tabak.

König.

Oh, wie sich der Frosch aufbläht! Doch ich will ge= duldig sein, wie Hiob.

Irving.

Ich auch, Majestät.

König.

Hochgelahrter Herr, hörtet Ihr nie von Hexen=Pro= zessen?

Irving.

Mehr, als mir gefiel, Majestät.

König.

Aha! Und wollt Ihr mir sagen, was den Satan hindern könnte, in ein Kraut hineinzufahren, statt in eine alte Hexe?

Irving.

Ich glaube nicht an Hexen, Majestät.

König.

Oh! Nun sind wir fertig! Keine Hexen? Vielleicht auch keinen Teufel? Und Ihr wollt ein Mann der Wissen=

schaft sein? Verlaßt uns, Mensch, verlaßt uns augenblicklich
Denn es steht uns nicht an, mit Heiden unter einem Dache
zu athmen. Merkt Ihr, wo wir hinaus wollen, Herr? Denkt
heute Nacht darüber nach, ob das Rauchen vom Teufel ist
oder nicht, und bringt uns morgen die Antwort.

Irving.

Ich gehe, Majestät. Und danke Gott, einem König zu
dienen, der die Wahrheit Schwester nennt! (Ab.)

König.

Hörtet Ihr je einen eigensinnigeren, hochtrabenderen
Plebeyer? Hol' ihn der Henker! Ich bin ihn satt.

Calvert.

Das Alter macht die treuesten Hunde mürrisch. Euer
Majestät wolle erwägen, daß Dr. Irving in Euern Diensten
alt geworden ist.

König (mit Empfindung).

Ach, wer dient einem König, als um sich selber zu dienen? — Er beruft sich auf die Erfahrung? Gut, wir wollen
ihn mit Erfahrung stopfen, bis er berstet. — (Die Thür
öffnend, ruft.) He! Lovel!

Kämmerer (erscheint).

König.

Sind die Spitzbuben draußen?

Kämmerer.

Zu Euer Majestät Befehl.

König.

Laß sie hereinbringen! (Kämmerer ab.) Nun, Sir George
Gänsfeder? Reißt Ihr die Augen auf? Aber es ist das
Vorrecht der Könige, Mann, der Welt Räthsel aufzugeben.

Achte Scene.

Vorige. Mehrere Konstabler führen zwei Diebe herein.

Erster Dieb.

Gott erhalte Euer Majestät!

Zweiter Dieb.

Und die ganze majestätische Haushaltung.

König.

Ihr seid Kinder des Verderbens und Spitzbuben von Profession.

Zweiter Dieb.

Mein Vater war ein Zinngießer und ich bin Schiffs= knecht von Profession.

König.

Und was seid Ihr, Mann?

Erster Dieb.

Gär nichts, Euer Majestät zu dienen.

Zweiter Dieb.

Zwei arme verführte Waisenkinder, die sich von Herzen freuen, Euer Majestät Bekanntschaft zu machen.

König.

Ihr seid als Taschendiebe verurtheilt, und zwar zur Strafe des Stricks?

Erster Dieb.

So hören wir. Aber es wäre uns lieb, wenn Euer Majestät den Strick zum Wäschetrocknen oder irgend einem andern anständigen Zweck verwenden wollten. Ach, müßten Euer Majestät, wie viel größere Spitzbuben, als wir, in England frei laufen.

Zweiter Dieb.

Ja, wir geringes Volk stehlen, so zu sagen, nur, was sie übrig lassen.

König.

Arme Schelme! Das schützt euch nicht vor Thyburn. Aber hört uns an. Wir sind geneigt, euch den Strick zu erlassen, unter der Bedingung, daß ihr auf's Genaueste er= füllt, was wir jetzt von euch verlangen werden.

Zweiter Dieb.

Was ist's? Nein, ich hoffe, Euer Majestät wird uns nichts Unchristliches zumuthen?

Erster Dieb.

Pfui über die Memme! Wenn Euer Majestät einen Feind hat — seht — (macht die Geberde des Gurgelabschneidens) befehlt nur!

König.

Ei Du gottloser Mensch! Ist das Deine Reue? — Sprecht, könnt ihr Tabak rauchen?

Zweiter Dieb.

Mehr als wir haben.

Erster Dieb.

Gott gebe, daß Euer Majestät uns zum Tabakrauchen begnadige!

König.

In Gottesnamen, das will ich. Wir fordern nichts von euch, als daß ihr vierundzwanzig Stunden lang fortwährend Tabak raucht.

Zweiter Dieb

Nichts weiter? Gott, Gott, welch' ein König!

Erster Dieb.

Mein Lebtag vergeß' ich's nicht! Komm, Freund, wir wollen gleich an die Arbeit.

Zweiter Dieb.

Eine Frage, Majestät! — Wer stellt den Tabak?

König.

Ihr sollt Tabak finden, und zu essen und zu trinken, so viel Ihr wünscht.

Erster Dieb.

Dann steh' ich für eine lustige Nacht!

Zweiter Dieb.

Gott lohn's! Wär' ich nicht ein gebesserter Mensch von Stund' an, ich wollte Euer Majestät Krone unterm Kopfkissen stehlen, um wieder in Eure Hände zu fallen.

König (zu den Konstablern).

Führt sie ab! Sagt Lovel, er solle für das Weitere sorgen.

Beide Diebe (mit Verbeugungen).

Gott segne Euer Majestät!

(Die Konstabler mit den Dieben ab.)

König.

Geht nur, Bursche! Ich wette, man bringt euch nicht lebendig zurück! — Versteht Ihr jetzt den Pfiff, George Gänsfeder?

Calvert.

Eure Majestät hat sie vom Strang zum Gift begnadigt.

König.

Rem acu tetigisti! Gott sei Dank, daß ich endlich einmal wieder einen vernünftigen Menschen höre. Nach meiner
Berechnung reichen 24 Stunden ununterbrochenen Rauchens
mehr als hin, sie zu töbten, und die Gesellen müssen mir es
noch danken, wenn ich sie, statt am Galgen, den Tod des
Sokrates sterben lasse. Ad oculos demonstrabo! Ich werde
die Leichen zum warnenden Beispiel auf der Londonbrücke
ausstellen. — Wo habt Ihr das Manuscript?

Calvert.

Hier, Majestät.

König.

Und hier ist die Vorrede. Schreibe sie voran und dann
zum Druck! — Aber sprecht, Calvert, auf welche Stunde ist
Eure Hochzeit bestellt?

Calvert.

Auf drei Uhr, mein gnädiger Fürst.

König.

Gut, ich halte Euch Wort und werde mich beim Mahle
einfinden.

Calvert.

Unterthänigsten Dank!

König.

Noch Eins! Ihr hörtet von jenem Kalifen, der die
Wahrheit verkleidet in den Straßen Bagdad's suchte?

Calvert.

In der That mein Fürst, und der Kalif war nicht thöricht, wie mir scheint. Wahrheit ist eine spröde bürgerliche
Dirne. Sie geht nicht gern an den Hof, sagt man.

König.

Diese Fischweiber behaupten, der Wahnsinn des Tabakrauchens mache sich des Abends in allen Schenken breit, und
das möcht' ich mit eig'nen Augen prüfen. Hört meinen
Plan! — Gegen Abend schleichen wir unbemerkt auf ein
Stündchen vom Feste weg, verkleiden uns hier zu zwei ehr-
samen Bürgern aus der City, und besuchen ein und die andere
Pennyschenke am Paulswerft

Calvert.

Ein köstlicher Spaß!

König.

Also abgemacht! Und nun will ich auf eine Stunde nach Greenwich hinunter. (Ab.)

Calvert (allein.)

Wenn das Tabakrauchen Wahnsinn ist, dann wohnt Seine Majestät in einem Tollhaus. Ach, guter König, wüßtest Du, daß hier Alles an demselben Wahnsinn leidet, vom Prinz Heinrich bis auf den letzten Küchenlakaien herab, Georg Calvert nicht ausgenommen! Wände haben Ohren, aber keine Augen, das ist ein Glück. — Seltsam, gerade jetzt, wo der König den Teufel so kräftig an die Wand mahlte, kitzelt mich die Lust, ein Wörtchen mit ihm zu sprechen! (Ein Pfeifchen herauszziehend.) Halt! zuerst wollen wir unsere gewöhnlichen Vorsichts-maßregeln treffen Die Thüre zu, das Fenster auf — (er thut beides) wie's in der alten Ballade heißt! (Stopft seine Pfeife.) Ein schlechter Spaß, Vorreden zu Büchern niederschreiben, wenn die Vorrede zum Ehestand auf Einen wartet. — (Zündet die Pfeife an, jetzt sich und beginnt zu schreiben.) Misocapnos! Das erste Erforderniß einer gelehrten Schrift ist, daß die Leute den Titel nicht verstehen. (Er schreibt, dann fährt er auf.) Horch! Schritte! Oh weh, wenn der König zurückkäme!

König. (Von außen, versucht die Thür zu öffnen.)

Verschlossen? Was soll das?

Calvert.

Der König! Gott sei mir gnädig!

König.

Calvert! He, Calvert!

Calvert!

Ich bin verloren!

König.

Calvert!

Calvert.

(Schiebt die Pfeife in die Brusttasche.) Ha! Ew. Majestät! (Er öffnet die Thür.)

Neunte Szene.
Voriger. König.

König.

Was zum Henker fiel Euch ein, die Thüre zu verschließen?

Calvert.

Entschuldigung Majestät, — aber um ungestörter zu arbeiten —

König.

Calvert, ich wollte Euch noch sagen, was die Vorrede betrifft. — Was ist das? Ihr brennt ja, Calvert, Ihr brennt!

Calvert (verlegen.)

Ich wüßte doch nicht, Majestät —

König.

Ihr brennt wahrhaftig, Mann! Seht Ihr den Rauch nicht? (Will ihm den Rock öffnen.)

Calvert (abwehrend.)

O ich bitte —

König.

Laßt, laßt! (Zieht die brennende Pfeife heraus.) Horror! Ihr? Ihr? Hier, hier? Eine Tabakspfeife? Nun, gute Nacht, König Jakob! Die Luft, die du athmest, heißt Verrath! — Ist das Eure Treue? Das Euer Gehorsam? Ein Mensch, den ich vom Weg auflas und in ein Feierkleid steckte! Ein Geschöpf meiner Gnade! Was? Hier in unserm Kabinet? Fort, Mensch! Aus unsern Augen fort!

Calvert.

Um Gotteswillen, Majestät!

König.

Fort! Und laßt Euch nie wieder vor mir sehen! (Hat die Pfeife zur Erde geworfen.) Halt! Vergeßt Eure Pfeife nicht, es wäre schade! (Calvert kniet, um sie aufzuheben.) Ein Mensch, der mir Alles verdankt! Oh! Ihr habt mir weh gethan, Calvert! (Ab.)

Calvert (allein).

Noch weher mir! Alles verloren! Durch meine Schuld verloren! Und meine Harriet wartet auf mich! Nein, nicht mehr meine Harriet, nicht eines Bettler's Harriet! Welt, o Welt, Welt! Leben! Leben! Wir alle scherzen über einem Abgrund — und Leichtsinn heißt der geschminkte Satan!

Zehnte Scene.

Voriger. Armstrong.

Armstrong.

Wollt Ihr nicht fortfahren, Freund? Ei, schämt Euch
nicht, Eure Rolle einzuüben, denn wir haben's von Adam's
Feigenblatt her, und Schauspieler sind wir alle! Sagt mir
Eure Rolle, Vetter!

Calvert.

Eine Armsünder=Rolle! (Traurig ab.)

Armstrong.

Soll ich meine ganze Kundschaft verlieren? Der arme
Junge ist so schwermüthig, wie eine schottische Ballade, und ich,
bei König Arthur's Nachtlicht, bin oft schwermüthig, weil ich
nicht schwermüthig sein darf; aber Alles ist ein Gewerbe.

(Nimmt das Manuscript.)

Was hier? Misocapnos! — Eines Königs Schrift! Ein
gelehrter König und ein gelehrtes Weib — zwei hübsche Grab=
schriften für ruinirte Haushaltungen. Ich will Euch ein
kleines Räthsel aufgeben, Onkel! Gesetzt, wir beide wären
in der Wiege verwechselt worden, könnt Ihr mir sagen, Onkel,
wer mehr lustige Tage über England gebracht hätte, König
Jakob oder König Archie Armstrong der Erste? Gebt mir Eure
Krone gegen meine Kappe, Onkel, und laßt sehen, ob man
den König oder den Narren eher zurückverlangt. Eine Trutz=
schrift gegen den Tabak — drei gegen eins, die Welt wird sie
einen Narrenspiegel heißen! O ich dank Euch, Onkel, ich will
mich d'rin betrachten und Noten beisetzen Ein hübsches Sprüch=
lein unter den Titel, gebt Acht:

Was e i n zum Munde eines Volkes geht,
Das kümmert keine kluge Majestät.
Doch seht Ihr Fürsten darum sich bekümmern,
Was a u s dem Munde ihres Volkes geht —
Den Hut herab! die sind nicht von den Dümmern!
Sucht hinter meinen Worten keinen Sinn,
Der ich ein Narr nur — unter Narren bin!

(Ab mit dem Manuscript.)

Der Vorhang fällt.

Zweiter Act.

Zimmer im Pallast zu Whitehall.

Erste Scene.

König, Cecil und Rochester im Gespräch.

König.

Sprecht Ihr nun, Salisbury!

Cecil.

Mein Fürst, die Lord's haben ohne Zweifel gefehlt. Sie haben geraucht wieder das königliche Verbot. Darauf stand bisher eine Geldstrafe, die Ew. Majestät in souverainer Gewalt angemessen erhöhen könnte. Aber Verbannung — ein schreckliches Wort, mein Fürst!

Rohester.

Sehr wahr.

König.

Blos das Wort, Salisbury, Verbannung vom Hof! Das bedeutet einen kleinen Fleck Erde um unf're Person!

Cecil.

Sehr klein, mein Fürst! Aber die Liebe zu Ew. Majestät geheiligster Person macht ihn zur Welt.

Rochester (für sich).

Gut gekitzelt, Alter! Schade nur, daß ein Fehler in der Rechnung ist.

König (unschlüssig).

Die armen Teufel! Sie dauern mich wahrhaftig.

Cecil.

Nehmt den Spruch zurück, mein Fürst! Darf ich den Lords die frohe Botschaft überbringen?

König.

Halt, Graf Salisbury! Wo ertapp' ich Euch? Ihr zäumt die Mähre am Schwanz auf, Mann! Oder vergaßt Ihr denn, daß die angedrohte Strafe nur in die Zukunft und nicht in die

Vergangenheit blickt? Wir stellten den Lords die freie Wahl zwischen uns und dem Tabak. Hic Rhodus, hic salta! — Liebe zu unserer Person! Ei, Mylord, dieselbe Liebe die ihnen die Verbannung schrecklich macht wird es ihnen leicht machen auf die Pfeife zu verzichten.

Rochester (bei Seite).

Das war der Fehler in der Rechnung!

Cecil.

Wohl, mein Fürst. Aber die Lords rauchten nie bei Hofe, nur im eigenen Hause. Verbietet Ihr ihnen dies, so werden sie über Verkümmerung des Hausrecht's schreien, das, wie Eure Majestät weiß, jedem Engländer so theuer ist, wie der Schnecke ihre Schale. Ich gebe zu bedenken, mein Fürst, ob es klug wäre, die Reihen der Opposition durch drei Häuser von Macht und Ansehn zu verstärken wegen einer —

Rochester.

Kleinigkeit!

Cecil.

Thorheit, die nur ihnen selber schadet.

König (welcher bei dem Wort Kleinigkeit auffuhr).

Kleinigkeit! Gott steh' mir bei! Ei, wirklich, junger Herr? Die größten Gelehrten des Zeitalters, darunter König Jakob von England, haben erkannt und dargethan, daß der Schnaps, dieser schleichende Menschenmörder, ein harmloser Stümper ist, verglichen mit den Wirkungen des virginischen Krautes — was sag' ich, daß jene Schlange, welche uns'rer ersten Mutter zurief: Nimm und iß — eritis sicut Deus — dieselbe ist, die dieses langsam aber sicher wirkende Gift über die arme Erde ausspritzte! Horror! Und in dem Augenblicke, wo wir ein Werk vollenden, worin wir dem Teufel, zu Nutz und Frommen Aller, den Prozeß machen, sollen wir ihn so zu sagen in unser Haus aufnehmen, ihm den Sessel hinrücken, werther Herr Teufel macht's Euch bequem, Drei sind Euch bereits dienstbar, ich bitte, nehmt doch auch die Andern in Gnaden auf. — Kleinigkeit? Junger Herr, Ihr irrt Euch! Eines Volkes Glück ist keine Kleinigkeit.

Rochester.

Einem Volk das Glück aufzwingen wollen, ist Thorheit! Lebt wohl, Papa, ich will zur Falkenbeize.

König.

Bei Gott, das Einzige, wozu Ihr gut seid! Und auch an Euern grauen Haaren fang' ich an zu verzweifeln, Mann.

Nicht genug, daß Ihr dem rauchenden Pöbel bisher durch die
Finger faht, auch jetzt noch scheint Ihr, wenn auch nicht für
den Teufel Partei zu nehmen, so doch zu träg, zu bequem, um
mit ihm anzubinden.

Rochester (bei Seite).

Immer wieder der Teufel! Hole der Teufel diesen Teufel!

König.

Mylord, Mylord! Ich fürchte, Ihr gleicht dem einschla=
fenden Fuhrmann, dem die Zügel entgleiten.

Cecil.

Und wär' es so? Was hätte die Augen des Fuhrmanns
ermüdet? Ihr wißt es wohl, mein Fürst. Arbeit, rastlose
Arbeit und Sorge in seines Königs Dienst. Euer Vorwurf,
mein Fürst, kränkt mich tief.

König.

Nicht so, Mylord! Das war unf're Meinung nicht! Wir
kennen Enre Verdienste und verbleiben Euer gnädiger König!
(Gibt ihm die Hand zum Kuß.)

Rochester.

Also keine Gnade für die Lord's, Papa? So laßt mich
wenigstens meine Bitte für den armen Schelm, den Calvert,
wiederholen!

König.

Lieber Gnade für alle Andern, als für diesen! — Muthet
mir's nicht zu, Robert! Und wenn Heinrich und Ihr mich
kniefällig darum bätet, es könnte nicht sein! Ei, ihr ungera=
thenen Kinder, habt Ihr Mitleid für Andere und keines für
unf're beleidigte Würde? Justum ac tenacem! Ich will nichts
mehr hören!

Rochester.

Alles abgeschlagen? Alles, worum ich bat? Fasse dich,
Calvert, Du hast einen Genossen Deiner Ungnade!

König.

Muthet mir's nicht zu! Unter keiner Bedingung will ich
den undankbaren Menschen wiedersehen, unter keiner!

Rochester.

Ein Einfall des Leichtsinns! Eine menschliche Schwäche!
Wer weiß, wie fern der Tag ist, wo Ihr selbst rauchen
gelernt habt?

König.

König Jacob rauchen? Ich? Ei, gut, Biscount, wir ergeben
uns. „An dem Tage, wo man erlebt, daß König Jakob selbst bei der

Pfeife betroffen wird, soll er mein Sekretär wieder sein!"
Urtheilt Ihr, Graf Salisbury, kann ich anders sprechen?

Cecil.

Es ist ein schwerer Fall.

König.

Ein schwerer Fall, da habt Ihr's. Ein schwerer Fall!
Justum ac tenacem! Dringt nicht weiter in mich. (Ab.)

Rochester.

Ein schwerer Fall! Ich dank' Euch für den Witz, Lord-
kanzler.

Cecil

Wie, Mylord! Ei, hätt' ich gedacht, daß Euch so viel
an der Sache liegt —

Rochester.

Spart Eure Worte, Graf! In diesem Falle gelingt es
Euch nicht, zwei Herren zu dienen.

Cecil (scharf).

Zwei Herren dienen ist schwer. Zum Glück weiß ich nur
von einem.

Rochester.

Ihr seid ein Fuchs, Robert Cecil! Im Bau fängt man
Euch nicht, aber man kann Euch ausräuchern! (Ab.)

Cecil (ihm nachblickend).

Das erlebt Ihr schwerlich. Kometen halten nie lang am
Himmel, und Ihr ein Komet, Viscount! (rechts ab.)

Zweite Scene.

Rich und Isabella treten durch die Mittelthüre.

Rich.

Lord Hay ist wohl im Schlosse?

Isabella.

Ja, drüben bei den Ladies, und so geschäftig hin und
her, wie ein Weberschiffchen.

Rich.

Isabella, ich übergab Charles heute Morgen ein kleines
Geschenk für Euch. Ihr habt es erhalten?

Isabella.

Zu dienen. Bemerkt Ihr die Wirkung nicht? Wir sind
sehr gnädig gestimmt.

Dritte Scene.

Vorige. Hay von links.

Hay.

Da seid Ihr, Mylord, Gott sei Dank! Und Lady Cope
dabei. Gott sei Dank! (zu Rich.) Wie steht es mit unsern
zwei wilden Füllen, Montgomery und Chandos? Lassen sie sich
locken?

Rich.

Sie werden auf die Stunde erscheinen.

Hay.

Wir werden sie mit Gottes Hilfe satteln und zäumen.
Den Herzog hab' ich bestellt. Nur geschickt, Leutchen,
nur sachte, sachte, und um Gotteswillen verwirrt mir das
Gewebe nicht. Oh, ich schwöre Euch, die zartesten Fäden, die
eine Spinne aus ihrem Leibe zog, sind Schiffstaue mit meinem
Gewebe verglichen. Dieses eine Meisterstück noch, Kinder,
dann will ich gern sterben. Den Ladies malte ich ein furcht=
bares Bild von dem Grimm und der unbeugsamen Entschlossen=
heit ihrer Männer in dieser Sache, daß die armen Herzchen
sich wie Lämmer vor dem Wolfe zusammen drängen, und das
Riechfläschchen der alten Herzogin von Hand zu Hand geht.
Die Lords werde ich mit der nämlichen Waare bedienen. Und
die Folge — wittert Ihr die Folge? Aha! Bin ich klug,
staubgebildetes Räthsel? Bin ich Nestor im Rath?

Isabella.

In der That Mylord! Ihr seid Nestor mit der Glatze.

Hay.

Gott bess're Euch, schöner Würgengel! Lieber möcht'
ich des Teufels Großmutter freien, als Euer Gnaden. Ei,
was vergaß ich? (Will rasch abgehen.) Lieber, goldener Rich!
Daß Ihr mir ja nicht fehlt! Ich kann Euern Beistand
durchaus nicht entbehren, denn Ihr seid Ritter vom Hosen=
bandorden der Grazien, und außerdem an jugendlicher Weis=
heit ein zweiter Traumdeuter Josef, wiewohl ich fürchte, daß
Eure Mantelschnalle etwas fester schließt, als die seinige.
Was sagt Ihr dazu, meine Grazie? (Ab.)

Rich.

Wartet er die Antwort nicht ab?

Isabella.

So wenig, als der Hund die Prügel

Rich.

Ich gehe die Damen zu begrüßen. (Ab)

Isabella.

Sind das nicht seltsame Geschöpfe, wie dieser Lord Hay, die die Suppe ihrer eigenen Angelegenheiten kalt werden lassen, um die Anderer zu blasen?

Vierte Scene.

Vorige. Charles. (Mitte.)

Charles

Pst, Mylady!

Isabella.

Was bringst Du, Charles?

Charles.

Eine große Neuigkeit!

Isabella.

Nun?

Charles.

Mylord hat sich auf heut Abend acht Uhr einen Matrosenanzug bestellt. Seht Euch vor, Mylady!

Isabella.

Einen Matrosenanzug?

Charles.

Seht Euch vor, Mylady!

Isabella.

Und wohin will er darin?

Charles.

Auf die See jedenfalls nicht.

Isabella (für sich.)

Wie, Mylord, Heimlichkeiten? (Nach kurzer Pause entschlossen). Geh, Charles besorge mir augenblicklich den gleichen Anzug.

Charles.

Ihr wollt — ?

Isabella.

Nicht zur See! Keine weitere Frage! Fort!

Charles.

Ich finde meine Nase im Dunkeln. Undankbarer Lord! Eine solche Lady und noch Heimlichkeiten!

Isabella.

Was meinst Du damit, Du Wicht?

Charles.

Daß Eure Liebe den Schnupfen hat Oh, ich renne, Mylady, ich renne! Hah! Und dann, wenn Ihr ihn ent= larvt und ihm den Abschied gegeben, wird Charles seinen Platz einnehmen. Versprecht Ihr mir's?

Isabella.

Du, kleiner Dorn? Meinetwegen — für die Schalt= tage.

Charles (pathetisch).

Lady Isabella und Lord Charles! Das Volk wird sich schlagen um den Anblick! Oh, ich tausche nicht mit dem Prinzen von Wales. (Tanzend ab.)

Isabella.

Wär's möglich, was ich denke? Hinter diesen frommen blauen Augen sollte der Verrath lauern? — Und warum nicht? Man verkleidet sich nicht zum Kirchgang!

Fünfte Scene.

Isabella, Rich (von links zurück).

Rich.

Ich fragte noch nicht, Isabella, ob mein Geschenk Euern Geschmack traf. Die Spitzen des Schleiers sind echt.

Isabella.

Und das Gesicht falsch? Um so schlimmer!

Rich.

Wie?

Isabella.

Aber Ihr thatet unklug.

Rich.

Unklug?

Isabella.

Euch zu entschleiern, mein' ich!

Rich.

Mich zu entschleiern?

Isabella

Ihr schicktet mir Euern Schleier, Mylord, also seid Ihr entschleiert! (Ab.)

Rich.

Wer löst mir dieß neue Räthsel? Entschleiert bin ich? O, ja, der Mann ist ein entschleierter Narr, der seine Freiheit an Weiberlaunen verschachert.

Sechste Scene.

Voriger. Hay, Gräfin Montgomery und Lady Chandos (von links). Die Damen haben Lord Hay in der Mitte und sprechen und gestiren mit großer Lebhaftigkeit, der Ton scherzend, nicht ernst.)

Gräfin.

Mylord Hay! Liebster Lord Hay!

Lady.

Bester Lord Hay!

Gräfin.

Mylord Hay, Witwentrost!

Hay.

Ja, ja!

Lady.

Nein, wahrhaftig, Mylord —

Gräfin.

Wir verlassen uns auf Euch, Mylord Hay!

Hay.

Zerreißt mich nur nicht! Oh, wär' ich zwanzig Jahr jünger! Ei, ihr artigen, glucksenden Perlhühnchen, das Herzblut meiner Weisheit soll für Euch vergossen werden. Aber vergeßt nicht, daß Eure Lords ihre Menschheit abgestreift haben, wie eine Nachtjacke, und zwei Wüstenlöwen gleichen, denen man ihr Junges zu rauben versucht. Bedenkt das, ihr Püppchen, um das Verdienst des Thierbändigers würdigen zu können.

Gräfin.

Erzählt ihnen den Hergang, Mylord. Sagt, daß wir zwar die Rechte unsers Geschlechts vertheidigen halfen, daß aber ohne die Prinzessin —

Lady.

Ja, daß wir nur dem Lose gehorchten, Mylord! Ihr könnt durchblicken lassen, Mylord —

Gräfin (pathetisch).

Daß sie am besten nachgeben würden, widrigenfalls — wir versucht wären, es selber zu thun.

Hay.

Geht! Eh' der Hahn morgen früh kräht, sollt Ihr an mich gedacht haben. Geht!

Gräfin.

Wir verlassen uns darauf, Freund,

(Beide Damen links ab.)

Rich.

Ihr seid zu beneiden, Freund!

Hay.

Den Henker auch! Wie Tantal um die Aepfel über ihm!

Siebente Scene.

Vorige. König (hastig von rechts). Gefolge.

König.

Durchsucht den ganzen Palast! Verdoppelt die Wachen! Wo ist unser Oberſthofmeister? Vae et dolor! Schickt nach dem Lord Major! er soll augenblicklich erscheinen. (Einige ab.) Wo ist der Herzog von Lennox?

Erster Hofmann.

Eure Majestät verzeihen. Seit der Audienz hat sich Seine Herrlichkeit zurückgezogen.

König.

Ruft den Grafen von Pembroke. — Alles zieht sich von König Jakob zurück, nur nicht das Unglück!

Hay.

Was bedeutet das?

Erster Hofmann.

Der Misokapnos Sr. Majestät ist gestohlen worden!

Hay.

Vielleicht hat Eure Majestät die Schrift blos verlegt!

König.

Verlegt? Der Teufel hat sie verlegt. Mylord, der Teufel! Nein, er durfte nicht zulassen, daß diese Schrift unter die Leute kam.

Erster Hofmann.

Es ist ein Unglück für das ganze Land!

König.

Für die Welt, Mann, für die Welt! Aber ich finde sie wieder, und sollte ich ganz London wie einen Pfeffersack um= stülpen lassen.

Rich.

Wann saht Ihr die Schrift zum letztenmal, mein Fürst?

König.

Vor einer halben Stunde! Nicht länger, damals, als ich diesen treulosen Calvert — (innehaltend) Warum kommt mir der Gedanke erst jetzt? Lumen de coelo! Er ist der Dieb, kein Anderer!

Hay.

Ew. Majestät meint — ?

König.

Meint? Es ist sonnenklar! Der arglistige Mensch wollte sich rächen, und er kannte die Ferse des Achilles nur zu gut. Aber noch sind wir König von England!

(Rasch Mitte ab. Hofleute folgen bis auf Hay und Rich.)

Hay.

Calvert hat seinen Dienst verloren, wißt Ihr's bereits?

Achte Scene.

Vorige. Prinz mit Gefolge von rechts.

Prinz (gemessen vornehm).

Was bedeutet der Lärm?

Rich.

Ein Gewitter in der Hofluft, Ew. Hoheit zu dienen! Die Schrift Seiner Majestät gegen den Tabak ist gestohlen worden.

Prinz.

Eher als ich ein Buch schreibe, will ich sorgen, daß man zehn über mich schreibe. Wollt Ihr mit mir gehen, lieber Rich?

Rich.

Wohin, Hoheit?

Prinz (mit dem Ausdruck der Unbehaglichkeit und Langweile).

Weiß ich's? Fechten, schießen, Ringe werfen, und was weiter! Den Schatten der Sonnenuhr fragen, wie lange wir noch zu leben haben. Dieser Diebstahl verstimmt mich und Ihr sollt mich aufheitern.

Rich.

Leider hält mich eine bringende Angelegenheit hier zurück, Hoheit.

Prinz.

Also ein andermal. Lebt wohl! (Mit Gefolge ab.)

Hay.

Dem Prinzen wär's lieber, man hätte Seine Majestät gestohlen, als das Buch. (Ein Diener tritt ein und gibt ihm ein versiegeltes Schreiben, das er liest.) Wie? Was? Ist er toll, dieser alte schottische Stier, der Lennox? Mein ganzer Anschlag in Scherben!

Rich.

Was gibt's?

Hay.

Lest! Lennox kommt nicht!

Rich (lachend).

Das wußt' ich voraus.

Hay.

Gott vergeb Euch, junger Mann Ihr durchbohrt mir
das Herz. Kommt nicht, bleibt weg! Ist denn keine Vernunft
mehr auf Erden? So sei willkommen, altes Chaos! Lord Hay
beugt sein Haupt.

Rich.

Wazu so viele Lufthiebe! Rettet, so viel zu retten ist!
Irr' ich nicht, so hör' ich da uns're Leute!

Neunte Scene.

Vorige. Montgomery. Chandos, welche gerade aus dem
Speisehaus zur Windmühle kommen.

Hay.
Willkommen, willkommen!

Montgomery.

Willkommen und einen Strick um den Hals! — Nun
alter Hexenmeister, was wollt Ihr von uns?

Chandos.
Ja, heraus mit der Losung!

Hay.

Mylords, ich denke, ihr wißt den Zweck dieser Zusam=
menkunft?

Rich (lachend).
Sie wußten ihn wenigstens, das kann ich beschwören.

Montgomery (gegen Hay).
Nach Persien, Freund, nach Persien! (Singt.)

Die See, die See ist meine Braut,
Fahr' wohl, mein Lieb' am Land!

Alter Lord, wollt Ihr Garn mit uns spinnen, so thut
den Mund auf.

Chand.
Ja, und bald wieder zu, denn unser Schiff wartet.

Hay.
Euer Schiff?

Montgomery.

Aber um Gotteswillen nichts von Weibern! Es wäre
mein Tod.

Hay.

Dann lebt wohl, denn gerade von euern Weibern wollt'
ich mit euch sprechen. Hol' euch der Henker!

Montgomery (ruhiger).

Nun, was wünscht Ihr von uns, ehrwürdiger Greis?

Rich.

Mylords, vergaßt ihr, warum Adam im Paradiese traurig
ward? Und was mit seiner Rippe geschah, da er schlief?

Montgomery.

Freund, da geschah etwas, was besser nicht geschehen wäre.

Hay.

Kommt, kommt! Ich habe es meinem Kopfkissen zu=
geschworen, zwischen euch und euern Ladies einen billigen
Vergleich zu Stande zu bringen, und ich halte Wort, so wahr
ich ein Ritter bin. Zwar mit Gründen der Vernunft ist den
Ladies nicht beizukommen, denn ihre Rede ist: einen Hahnen=
kamm um eine Henne, unser Recht oder den Tod — aber ich
verlasse mich auf die Wirkung der Liebe, denn das schwör' ich
euch, daß noch keine Ehemänner geliebt wurden, wie ihr!

Montgomery.

Sprecht Ihr im Ernst?

Chandos.

Nein! Es läßt sich nicht viel von dieser Liebe merken.

Hay.

Hätt' ich's nicht erlebt, ich glaubt' es Niemanden! In
demselben Athem, in dem sie Euch als Tabakrauchern fluchen,
plündern sie des Himmels Segen rein aus für Euch, seufzen,
schlagen sich die Brust — „holder Montgomery" — „theurer
Chandos!" „Warum eine Tabakspfeife zwischen uns're Herzen?"
— Ist's anders, Mylord Rich?

Rich.

Mit einem Wort, Mylord's, Eure Ladies hungern
nach Euch!

Montgomery (betroffen).

Ein seltsamer Zustand.

Hay.

So ist's! Seltsam! Die seltsamste Mischung von Zärt-
lichkeit und Raserei! Oh, einen Augenblick Geduld, Mylord's!
(Eilt links ab.)

Chandos.

Was hat er vor?

Rich.

Er wird wohl die Ladies herbeiholen — Richtig! da
sind sie!

Zehnte Szene.

Vorige. Hay. Gräfin Montgomery. Lady Chandos.
hinter ihnen die Herzogin v. Lennox.

Hay.

Nur herein, Myladies! Keine Furcht! Sie haben keine
Krallen, sondern nur gewöhnliche Klauen, und die Hörner
sind Eure Sorge. (Auf die Lords deutend.) Hier ist Adam
der seine Eva sucht — hier ist Eva, die ihren Adam sucht.

Gräfin (befangen nicht trotzig).

Sucht? Mir dünkt, Ihr sprecht zu viel, Mylord. Wir
suchen Niemand.

Lady (im gleichen Tone).

Prinzessin Elisabeth bestellte uns hieher, das ist Alles!

Montgomery (gereizt).

In der That? O herrlich! Lord Hay wollte uns hier
zwei Wildgänse zeigen, die er geschossen hat -- das ist Alles!

Hay.

Still, still!

Chandos (zu Lady Chandos).

Kennt Ihr die eine Wildgans, Lady!

L. Hay.

Still, still!

Gräfin Montgomery.

Mylord Chandos Ihr dauert uns.

Rich.

Ein guter Anfang!

Herzogin (zu Hay.)

Aber wie? Wozu bin ich hier, Mylord? Wo bleibt
mein Ludwig? Ich sehe meinen Ludwig nicht.

Hay (nachdem er sich umgeschaut).

Ich auch nicht, Frau Herzogin. Aber Leute in meiner
Umgebung behaupten, wenn Ludwig nicht komme, so liege die
Vermuthung nahe, daß Ludwig Gründe habe, wegzubleiben.

Herzogin.

Unvergleichlich, Mylord! Welche Bärenmutter vergaß Euch zu lecken? — O Schändlichkeit! Mich zum Gespötte im Munde eines alten Possenreißers werden zu lassen! Noch heute klag' ich auf Scheidung. (Ab.)

Hay.

Thut das! Dafür wird der Herzog Gott kniefällig danken. — Ich schwöre darauf, der arme Mann raucht aus lauter Verzweiflung Tabak, um die alte schottische Gluckhenne los zu werden.

Montgomery.

Der Herzog kommt nicht?

Chandos.

Dann bleiben wir auch nicht da! Fort in die Windmühle.

Montgomery.

In der That! (Sie wollen fort.)

Gräfin.

Kommt, Mylady, die Herren verlangt's nach dem Wirths-haus. (Sie wollen fort.)

Hay.

Was? Was? Wahnsinniges Volk! Zieht Euer Schwert, Mylord Rich! Nur über unf're Leichen geht der Weg! (Zieht sein Schwert halb heraus.)

Rich.

Ich möchte fragen, Mylords und Myladys, ob Ihr nur kamt, um wieder zu gehen? Ich dachte, Ihr wär't für Versöhnung?

Hay.

Versöhnung! Freilich! Futter für die Engel im Himmel! Ei was, Mann! 'S ist ja Alles im besten Zug! Ich bitt' Euch, stört die Feierlichkeit der Handlung nicht. Hört mich an, Mylords! Wißt Ihr, was Seine Majestät thut, nachdem er vom Haus der Gemeinen eine Million an Subsidien gefordert hat?

Rich.

Er drückt ein Auge zu und nimmt die Hälfte.

Hay.

Getroffen! Wie, Mylords! Wollt Ihr über den gesalbten König hinaus?

Montgomery.

Uns vor dem Könige zu verklagen!

Chandos.

Angesichts des ganzen Hof's!

Montgomery.

Den Gatten mit kaltem Blut zu verrathen! Ihn der Verbannung preis zu geben! Sind das Eure Schwüre, Lady?

Gräfin.

Das Loos entschied, nicht unser Wille. Ueberdies liegt die Strafe in Eurer Hand, Mylord!

Chandos.

Soll ich den Ladys die Bibel aufschlagen? — Was steht dort! Daß das Weib dem Manne unterthan sei.

Lady.

Seine Gehilfin, ja, aber nicht seine Sklavin!

Montgomery.

Um Gotteswillen, schweigt, Chandos! Ihr glaubt doch nicht, daß Ihr das letzte Wort behaltet?

Hay.

Das letzte Wort? Oh verzeiht, das will ich behalten. Ei, ihr eigensinnigen Kinder! Muß ich, ein Junggeselle von Profession, Euch die magna charta des Ehestandes vorlesen? Meint Ihr, die Ehe sei eine Pfennigschenke und nicht eine Erziehungsanstalt zur Uebung aller denkbaren christlichen Tugenden? Wißt Ihr nicht, daß zwei Ochsen im Joch gleichen Schritt halten müssen, mögen sie wollen oder nicht?

Rich (bei Seite).

Gepredigt wie ein echter Baalspriester! Er rühmt die Tugend und geht ihr fein säuberlich aus dem Wege.

Hay.

Kommt, kommt! Ihr habt auf beiden Seiten gefehlt. Denn so lange es Männer gibt, die das Pulver nicht riechen können, dürft ihr, Mylords, es dem gebrechlichen Gefäß, Weib genannt, nicht zumuthen, euer stinkendes Kraut zu lieben. — Und so lange die Welt einen Mann aufweist, wie Lord Hay, dessen Wappen die Taube mit dem Oelzweig des Friedens ist, bleibt es Gottesraub, Mylabys statt der Freundschaft die Gewalt zum Schiedsrichter anzurufen. O ihr widerspenstigen

Herzchen, was gilt's, ich finde einen anständigen Vergleich? Denn nie sah die Welt zwei schmuckere Pärchen, und die mehr verliebte Kohlen hinter der Asche versteckt hielten!

Montgomery.

Oh, damit ist's vorbei, Freund. Lady Montgomery gab mir heute Morgen den Abschied. Aber zum Glück wohnt in diesem weiten London Mitleid genug, um einen Witwer von Dreißig zu trösten. Und ich will mich gründlich trösten lassen.

Gräfin (aufgeregt).

Thut das, Mylord, es wird Euch viel Ehre bringen und — (plötzlich ihr Gesicht verhüllend) Oh ein Grab für mich! Wie schrecklich ward' ich betrogen!

Hay (für sich).

Wasser? Wasser auf meine Mühle! Wie jetzt Mann? Der Teufel regiert Eure giftige Zunge. Dort seht hin, seht, was Ihr aus dem Meisterstück der Schöpfung gemacht habt! Wie, Mylord? Eure erste Liebe, die Mutter Eurer Kinder! Oh! Eure Hand, Mylord, Eure Hand! (Er legt beider Montgomery's Hände zusammen.) Laßt sehen, ob sie das Drücken verlernt haben! (Lady Chandos in's Ohr.) Wie, die Augen trocken? Wenigstens das Taschentuch vor, Mylady! (Zu Chandos hinüber eilend.) Mylord, Mylord! schlägt Euch denn gar kein Gewissen? Dort seht hin! Die zweite Niobe!

Chandos.

O nein, die Lady hat ein Herz von Stein! Thränen um mich? Glaubt mir, Mylord, sie schließt mich täglich in ihr Nachtgebet und fleht zu Gott um meinen baldigen Tod.

Lady.

Mylord, das ist zu viel! (sie weint.)

Hay.

Unmenschlich, Mylord, unmenschlich! Ei, lange Reue und ein Grab, Mylord! Wenn Ihr diesen Engel mordet, werden die Teufel mit Eurer Seele Fangball spielen. O verzeiht! Hier handelt sich's um Leben und Tod. Ich muß Gewalt brauchen! (zieht ihn mit Gewalt zur Lady und legt ihre Hände zusammen.) Gott sei Dank!

Montgomery (zur Gräfin, die noch weint).

Faßt Euch, Mylady!

Chandos.

Nun, Lady, Ihr seht, was Ihr mit Gewalt durchsetzt.
Wollt Ihr es einmal mit einem guten Wort versuchen?

Lady.

Mylord, wann gab ich Euch ein schlimmes?

Montgomery.

Nun, Frances, blick auf!

Gräfin.

Mich eine Wildgans zu heißen! (Schluchzend.)

Montgomery.

Du irrst Dich, Frances — ich sprach von Wildgänsen
im Allgemeinen.

Rich (bei Seite)

Wenn der Prinz das sehen könnte! Mein bestes Reit=
pferd gäb' ich darum!

Eilfte Scene.

Vorige. Elisabeth von links.

Elisabeth.

Nun. Mylord Hay, wie steht's mit unsern Scherben?
Werden sie sich wohl kitten lassen?

Hay.

Gott sei Dank, Eure Gnaden, das liegt hinter uns. Hier
stehen die alten Töpfe. Ew. Gnaden kommen zu der ergrei=
fendsten Scene zu spät. Alles ist vertragen, besiegelt und ver=
riegelt, und Lord Hay sucht irgend einen stillen Winkel des
Erdballs auf, um von seinen Thaten auszuruhen. Die Nach=
welt weiß ihn zu finden.

Elisabeth.

Ohne Zweifel, da Ihr dies Wunder zu Stande brachtet.
Die Lords haben also dem Rauchen feierlich entsagt?

Chandos.

Entsagt? Durchaus nicht entsagt!

Hay.

Entsagt? Durchaus nicht entsagt, Ew. Gnaden! Aber sie legten in den Schoß ihrer Ladies den Eid ab, künftig nur noch im Pavillon hinter dem Hause zu rauchen.

Chandos.

Oho!

Montgomery.

Ei, wer sprach davon?

Hay.

Ew. Gnaden sehen, wie jede übertriebene Forderung den alten Adam in ihnen aufregt. — Aber Euch, Mylord's, bitt' ich, macht Lord Hay, den guten alten Lord Hay, nicht für all' seine uneigennützige Mühe zum Lügner, und nochmals sag' ich, seid nicht königlicher als der König selbst.

Elisabeth.

Mein Verstand spricht Nein zu dieser Lösung, aber mein Herz, das den Frieden liebt, spricht Ja.

Montgomery.

Mein Verstand spricht Nein, aber mein Herz, das seine Frances liebt, spricht Ja. (Umarmung.)

Chandos.

Und ich bin kein Wolf, wo Montgomery das Schaf spielt. (Umarmung).

Montgomery.

Aber was nützt dies Alles, da der König das Rauchen ganz verboten hat?

Elisabeth.

Keine Sorgen! Dieselben Lippen, die bis heute schwiegen wissen auch ferner zu schweigen. Der König wird nichts erfahren

Hay.

Amen, sag' ich! Ei, ihr grasgrünen Gesellen, seit wann seid Ihr bei Hof? Wißt Ihr nicht, daß die Welt hinter dem Rücken der Könige regiert wird?

Elisabeth.

Und nun folgt mir! Der ganze Hof soll Lord Hay's Triumph sehen. Euer Verdienst ist groß, Mylord.

Hay.

Unterthänigsten Dank! Das Leben eines Junggesellen gehört der Menschheit.

(Alle ab, die Männer ihre Frauen führend.)

Verwandlung.

Zimmer im Hause des Schiffsrheders Thomson.

Zwölfte Scene.

Harriet im Hochzeitskleide, tritt auf.

Harriet.

Drei Uhr vorüber und er ist noch nicht da! Was kann, was darf ihn heute zurückhalten? Ich vergehe vor Ungeduld. Ungeduld? Ach, nein, Angst — Still, einfältiges Herz! Fünf über die Zeit, und Angst? Aber es ist keine Kleinigkeit, am Hochzeitstage auf den Bräutigam warten zu müssen.

Dreizehnte Scene.

Vorige. Thomson im Feiertagskleid, aus einer langen Pfeife rauchend, einen Korb mit Weinflaschen tragend, Mitte.

Thomson.

Da ist Arznei für den Nachtisch. Ich bin nur ein einfältiger Schiffsrheder und ein Wittmann dazu. Aber wenn des Königs Majestät bei John Thomson einsprechen will, soll er seinen Trost finden. He! Robert! Franz! Ich glaube, die Kälber schlafen am hellen Tage!

Harriet.

Ich bitt' Euch nochmals, lieber Vater, laßt heute wenigstens die Pfeife weg. Ihr wißt, wie der König vom Rauchen denkt.

Thomson.

Ja, das ist Gottes Wahrheit. Er soll ein guter Herr sein, aber vom Rauchen versteht er so viel als Snob, mein Hund, von einem Dreimaster. In Gottes Namen, er soll nur kommen. Ich muth' ihm nicht zu, daß er raucht, ganz und gar nicht!

Harriet.

Vater, er muthet Euch zu, daß Ihr nicht raucht!

Thomson.

Wer? Ich? Nein, so unverschämt ist ein König von England nicht.

Harriet.

Hat er nicht das Rauchen im ganzen Lande verboten?

Thomson.

Ja, um Geld in den Beutel zu kriegen. Das versteh'st Du nicht. Man setzt eine Geldstrafe auf das Tabakrauchen und ist froh um die armen Seelen, die sich auf der Leim=ruthe fangen. Ei nun, John Thomson ist der Mann, um sein Vergnügen zu bezahlen, Gott sei Dank!

Harriet

Wär's nur dieß! Aber der König haßt das Rauchen, Vater.

Thomson.

Haßt! Dann ist er ein Narr!

Harriet.

Und wenn er nun kommt und Euch mit der Pfeife sieht —

Thomson.

Ei, dann soll er in Gottes Namen wieder geh'n. Will König Jakob mir die Ehre anthun, gut! Will er mir einen von König Jakob's Schuldscheinen zwischen Tuch und Teller legen, und beträf's hundert Pfund, auch gut! Aber daß ich unter meinem eigenen Dach klein beigebe, daß ich meine Erst=geburt um ein Linsengericht verkaufe, nein, davon steht nichts in meinem Katechismus. (Links ab mit dem Korbe.)

Harriet.

Wie Ihr wollt, Vater! — Muth, Muth! Ach, mein Herz ist unaussprechlich gepreßt. Jetzt möcht' ich aufjauchzen — und jetzt wieder weinen, wie Jemand, der schweren Abschied nimmt. Aber wem kann ich's vertrauen? Ach, armes Mäd=chen, das am Hochzeitstage keine Mutter hat!

Vierzehnte Scene.

Vorige. Calvert (eilig, Mitte).

Harriet (ihm entgegen).

Endlich, endlich!

Calvert (sie von sich abwehrend).

Rühre mich nicht an, Harriet!

4

Harriet.

Todtenbleich! Meine Ahnung! Aus Deinen Augen spricht das Unglück!

Calvert.

Ja, Unglück, Mädchen, Unglück! — Wo ist Dein Vater?

Fünfzehnte Scene.

Vorige. Thomson.

Thomson.

Da seid Ihr ja Calvert! Willkommen! Aber wie! Ihr seht nicht d'rein, wie ein Hochzeiter, Mann?

Calvert (nach kurzer Pause).

Vater Thomson, Ihr wolltet Eure Tochter dem Geheimschreiber Seiner Majestät, dem glücklichen, hoffnungsvollen Calvert zur Ehe geben?

Thomson.

Närrische Frage! Ja, Euch, mein Sohn!

Calvert.

Oh Dank Euch, Vater. Aber ich bin nicht mehr ich — jener Calvert ist verschrumpft bis auf den Namen. Calvert, der Bettler, der knabenhafte, unwürdige Calvert, der Frevler an seinem König und an seiner Liebe — gibt Euch Euer Wort zurück!

Thomson.

Nun, nun, was heißt das?

Calvert.

Seit heute Morgen bin ich aus dem Dienst gejagt. Wollt Ihr einen Bettler Schwiegersohn nennen?

Thomson.

Aus dem Dienst? Wie ging das zu?

Calvert.

Diese Pfeife sagt Alles! (Er zieht sie hervor.) Der König traf mich rauchend! (Legt sie auf den Tisch.)

Thomson.

Rauchend? Was? Weiter nichts?

Calvert.

Oh Ihr wißt nicht, welches Verbrechen dies in seinen Augen ist.

Thomson.

Hol' ihn der Teufel! Haltet einmal, junger Mensch! Auf Euer Gewissen! Hat Euch nichts Anderes aus dem Dienst gebracht, rein gar nichts, als was in eine Tabakspfeife hineingeht?

Calvert.

Nein! Bei den Thränen dieses Engels, die mich ver= klagen — nein!

Thomson.

Dann kein Wort mehr von dem Plunder! — Wischt Euch die Augen ab, mein Junge! Bei dieser Pfeife schwör' ich's: Ihr seid und bleibt mein Schwiegersohn!

Calvert.

Nein, hört mich, Vater Thomson! —

Thomson.

Kein Wort! — Das Rauchen ein Verbrechen? Heda, Musikanten! Ein Bettler? Wer sagt, daß John Thom= son's Schwiegersohn ein Bettler ist? Heda! Aufgespielt, Musikanten! (Rasch links ab.)

Calvert.

Wie schön steht Großmuth einem schlichten Kleid! Doch oh! wie ständ' es mir, sie zu mißbrauchen? Du schweigst, Harriet? Ich verstehe dieses Schweigen Harriet, die schöne gefeierte Harriet, die Blume aller Mädchen, blüht nicht am Wege eines Bettlers.

Harriet.

Oh, sprich nicht weiter, Georg, wenn ich nicht glauben soll, daß Du mich nie geliebt hast und jetzt nur den will= kommenen Anlaß ergreifst, um unsern Bund zu lösen. Womit verdien' ich diesen schnöden Vorwurf, als hätt' ich mich nur Deinem Glück zugeschworen, nicht Dir selbst? Nein, so liebt Harriet nicht! Ich habe Dich, ich halte Dich auf immer, kein König soll uns trennen!

Calvert.

O Himmel, schuffst Du ein zweites Herz, wie dieses?

Harriet.

Vergiß den Hof, den undankbaren König. Denk', Alles war geträumt, nur nicht unsre Liebe.

Calvert.

Der König undankbar? Nein, theure Harriet, verleumde nicht. Ich bin der Undankbare, ich, der sein Vertrauen täuschte. Ewig hör' ich die Worte, die er scheidend sprach: „Ein Mann, der Alles mir verdankt! Oh, Calvert, Ihr habt mir weh gethan!" Der Vorwurf schnitt mir in's tiefste Leben, und die Wunde kann nichts heilen, selbst nicht Dein Lächeln, Harriet, — denn bei Gott, ich liebe meinen König!

Harriet.

Laß nur den ersten Zorn verraucht sein. Gewiß, er verzeiht Dir wieder.

Calvert.

Nimmer, Harriet, nimmer! Viscount Rochester selbst, der mächtige Günstling, der für mich bat, stieß sich an einen Felsen, denn dieses war des Königs Antwort: „Wenn Ihr König Jakob selbst je beim Rauchen trefft, soll er mein Sekretär wieder sein." Das heißt: in Ewigkeit nicht! Welch' rascher Wechsel! Noch heute ehrte er mich mit Vertrauen, wie keinen Andern. Denn gegen Abend sollten wir vom Feste weg nach dem Palaste schleichen und von dort verkleidet die Stadt durchwandern.

Harriet.

Zu welchem Zweck?

Calvert.

Mit eig'nen Augen will er sich überzeugen, ob London Tabak rauche.

Sechszehnte Scene.

Vorige. Thomson.

Thomson.

Wo bleibt ihr zum Henker? Frisch, der Geistliche wartet! Nun, wird's bald, junger Herr? Geht's nicht gleich, so laß ich Euch durch Konstabler vor den Altar schleppen. He, Konstabler!

Siebenzehnte Scene.

Vorige. Drei Konstabler.

Thomson.

Nimmt mich der Teufel beim Wort?!

Erster Constabler (zu Thomson).

Entschuldigt die Freiheit unsers Amtes, Herr. Unser Auftrag gilt diesem hier allein. Mister Calvert, in des Königs Namen verhaft' ich Euch!

Harriet.

Gnäd'ger Himmel!

Calvert (außer sich).

Verhaften? Mich? Weshalb?

Erster Constabler.

Der Befehl kommt vom König selbst. Ich weiß nur so viel: es handelt sich um einen Diebstahl im Palast, dessen Ihr verdächtig seid.

Calvert. (Außer sich.)

Diebstahl? Oh König Jakob, dein Grimm zielt gut! — Doch pfui! Unedle Waffen! (Niedergeschmettert.) Der Pfeil hier ist vergiftet!

Thomson.

Nun sprecht Sohn, was bedeutet das?

Calvert.

Was es bedeutet? Daß mich eines Königs Rache ver= folgt, der maßlos ist im Hassen wie im Lieben. Oh, fragt sie doch, sie wissen wohl noch mehr, denn eine Schlinge könnte ja zer= reißen. Sprecht offen, wißt Ihr nichts von Hochverrath? Mischt' ich dem König nicht Gift in den Wein? So wahr Georg Calvert ein Dieb ist, er that dies Alles!

Erster Constabler.

Dazu kann ich nichts sagen, Mister Calvert, als das: Ich wünsche Euch kurze Haft. Legt ihm die Fesseln an.

Calvert.

Fesseln?

Harriet.

O Jammer!

Erster Constabler.

So lautet der Befehl.

Harriet.

Georg!

Calvert (macht eine Geberde des Widerstandes, eine kurze Zeit mit sich kämpfend).

Hier meine Hände!

(Man hört eine näherkommende Hochzeitsmusik.)

Thomson (dazwischen).

Und kämen dreitausend Teufel in Uniform, ich duld's nicht! Hand ab, sag' ich!

Erster Constabler.

Fort, Alter! Wißt Ihr, was Ihr thut?

Thomson.

Hand ab! Dies ist mein Dach! Seit wann fällt man wie Räuber und Mörder in das Haus eines freien Engländers? Hollah! Sachte! He, Robert, Franz! — Es gibt noch Londoner Knittel für Eure Fleischgabeln!

Erster Constabler.

Nun denn, Gewalt! Zieht Eure Schwerter!

Harriet.

Vater, wollt Ihr ihn ganz verderben? Sein bester Schutz ist seine Unschuld.

Calvert.

Ja, Vater Thomson, Widerstand wäre Wahnsinn. Lernt von mir Geduld.

Thomson.

Geduld, ja! Sie sollen an mich denken! Auf der Stelle geh' ich zu meinem Anwalt in's Temple und geb's zu Protokoll. So wahr ich John Thomson heiße, ich bring's vor's Haus der Gemeinen.

(Rasch ab. Die Musik verstummt gleich darauf.)

Calvert (während er gefesselt wird).

Schlimmer Tausch, statt eines Rosenband's ein Band von Eisen! O Harriet, wie schön bist Du im Brautkranz! Lebe wohl! (Ab mit den Constablern).

Harriet (allein).

Brautkranz und Lebewohl. (Sinkt an einem Stuhle nieder). Mein Gott, mein Gott! Der Strom deiner Gnade rauscht zwischen Himmel und Erde — bin ich allein vergessen? Kein Tröpflein übrig für die arme Harriet? — (Nach kurzer Pause, und da ihr herumschweifender Blick auf die Pfeife fällt, aufspringend). Ein Gedanke der Rettung! — „Wenn König Jakob je selbst bei einer Pfeife betroffen wird, soll er wieder mein Sekretär sein!" — Gegen Abend? Verkleidet aus dem Palast? König Jakob, ich nehme dich beim Wort! Schach dem König! (Rasch ab, mit der Pfeife)

Der Vorhang fällt.

Dritter Act.

Vor dem Palast zu Whitehall.

Erste Scene.

Die drei Constabler schleichen über die Scene. Dann Harriet, als Kavalier gekleidet, mit Federbaret, langen Haaren und Degen.

Harriet.

Der Abend bricht herein. Hier vor dem Palaste, wo der König vorüber muß, will ich auf ihn lauern. Und wenn ich ihn treffe? Werde ich mein Ziel erreichen? Ach, ich fürchte, mein ganzer Plan ist eitel. Ist er nicht auf Eitelkeit gebaut? — Noch vor wenigen Stunden hätte ich es für Sünde gehalten, einem Manne außer Calvert gefallen zu wollen, und jetzt treibe ich mich in London's Straßen umher, um mein Netz nach den Augen eines Königs auszuwerfen! — Ich hörte, des Königs Urtheil werde leicht durch das Aeußere eines Menschen bestochen. Viscount Rochester selbst, vor Jahren noch ein armer Page, schlich durch das Auge sich in seine Gunst ein. Wenn ich denselben Weg zu finden hoffe, ist das nicht Eitelkeit? — Ach, da ich vorhin vor dem Spiegel stand, fühlt' ich ein wenig Muth, doch jetzt klopft mir mein armes Herz, und schau ich mich in dieser Männertracht, so erschreck' ich vor mir selbst und vor dem Plane, den ich mir angemaßt. — Still! Wer kommt da? Ich verstecke mich hinter diesen Pfeiler und horche. (Verbirgt sich.)

Zweite Scene.

Vorige. König und Hay in der Tracht von Londoner Bürgern im Gespräch von hinten rechts.

König.

Ja, Mylord Hay, ermäg' ich alles dies,
So möcht' ich meinen Purpur oft vertauschen

Mit eines Eremiten rauhem Kleid.
Ein König ist ein Schiff im Sturm, Mylord —
Oft seufz' ich nach dem Hafen.

Hay.

Dagegen hilft nichts als Leichtsinn, mein theurer Fürst —
Leichtsinn, der blinde Steuermann lacht in den Sturm und
schwimmt in einer Nußschale an's Land.

König.

Seht, dieser undankbare Mensch, der Calvert,
Der schlangenglatt mit heuchlerischem Dienst
Mich hinterging, und dem ich nimmermehr —

Harriet (tritt rasch vor).

Guten Abend, verehrte Herrn! Ich bitte, zeigt mir wohl
Einer von Euch den Weg nach einer Schenke, wo ich für
wenig Geld viel haben kann?

König.

Ihr seid fremd hier, wie es scheint?

Harriet.

In der That, mein Herr! So fremd, wie Mitleid im
Herzen eines Wucherers.

König.

Nach Eurer Art und Tracht zu schließen, seid Ihr ein
Kavalier?

Harriet.

Herr, es beliebt Euch, mich so zu nennen, aber ich kann
zu meiner Empfehlung wenig mehr sagen, als: Ich gehöre
zum Stande der Unglücklichen.

Hay (bei Seite.)

Eine verdammt schlechte Empfehlung auf dem Londoner
Pflaster.

König.

Wo kommt Ihr her? Wie heißt Ihr?

Harriet.

Wo ich herkomme, wie ich heiße? Verzeiht, Herr, aber
mein Gestirn befiehlt, daß dies für jedes geringere Ohr, als
das des Königs von England ein Geheimniß bleibe. Den

Mann wollt' ich lieben, wie Tobias seinen Engel, der mir
den Weg zu seiner Majestät zeigte. Ich bitte, sagt mir, ob
Seine Majestät sich in London befindet?

König.

Der König ist hier. Habt Ihr ihn früher nie gesehen?

Harriet.

Nein, mein Herr, aber jeden Abend für ihn gebetet, denn
ich gehöre zu seinen treuesten Unterthanen. Seht, und das
ist der Grund, warum ich ihn durchaus kennen lernen will.
Der König, für den ich gebetet, war voll echter Majestät,
aber die Leute raunten sich zu, das Bild habe mein thörichtes
Herz gemalt und das Bild sei falsch.

König.

Nun, was sagen die Leute vom König Jakob?

Harriet.

Oh, sie machen eine Mißgestalt aus ihm, denn sie heißen ihn einen gelehrten Tyrannen. Sie versichern, sein bester
Freund sei der Schlaf, denn wachend verliere er hundert
Freunde, eh' er einen gewinne. Seiner Strenge fehle die
Gerechtigkeit, seiner Nachsicht die Weisheit, und seine Gnade
sei eine Milch, die über Nacht gerinne. Der Hauch trübe
nicht leichter einen Spiegel, als seine Laune zwischen Liebe
und Haß wechsle, und die Reue des Büßers, mächtig
genug, des Himmels Pforten zu stürmen, klopfte umsonst an
das Herz König Jakob's!

Hay (bei Seite.)

Eine hübsche Fastenpredigt! So geht's dem Horcher an
der Wand.

König.

Beim Himmel, schwer verklagt, glaubt mir, mein Freund,
Die Leute schilderten Euch schlimmer, als er ist, den armen
König.

Harriet.

Das glaub' ich auch,
Doch hätt' ich diesen holden Glauben gern
Besiegelt durch mein eig'nes Aug' und Ohr.
D'rum macht' ich mich zum König auf und find' ich
Ihn so, wie ich ihn im Gebet sah,
Dann biet' ich Trotz dem kühnsten der Verleumder
Mit Herz und Mund und Schwert!

König (zu Hay).

Was meint Ihr zu dem Jungen Freund? Ist hier
Nicht sana mens in sano corpore?

Hay.

Ein glattes Bürschchen, etwas naseweis!
Ein munt'rer Spatz!

König.

Ei, Mann, Ihr seid zu streng!
Das eben — merkt Euch — ist der schönen Jugend
Vorrecht und Talisman, die Keckheit selbst
In Anmuth zu verwandeln.

Hay (bei Seite).

Pfeift der Wind
Daher? das Glück des Jungen ist gemacht!

König (zu Harriet.)

Nun, junger Mann, ich selber suche just
Den Weg nach einer Schenke. Euere Gesellschaft
Ist mir willkommen! Wollt Ihr mit mir geh'n?

Harriet.

Bis ans Ende der Welt!

König.

Wohlan, so kommt!

Harriet.

Demüthig folg' ich Euch.

(Alle links ab. Zuletzt Harriet, welche einen Augenblick einhält, zuerst
die Hand auf ihr Herz legt, wie um sich Muth zu machen, und dann
mit einer resoluten Handbewegung abgeht. Es ist inzwischen ganz
dunkel geworden.)

Dritte Szene.

Rich und Isabella, beide in Matrosenkleidern, ersterer aus einer
zierlichen Pfeife rauchend, treten von rechts auf.

Rich.

Ich schwöre, daß Euer Anzug lügt. Wollt Ihr unsere
Freundschaft nicht in der Wiege ermorden, so gesteht, wer
Ihr seid.

Isabella.

Nicht, eh' Ihr Euch selbst entdeckt habt. Kein Esel,
dessen Ohren aus der Löwenhaut schauen, spielt eine kläg-

lichere Rolle, als Ihr in den angemaßten Pluderhosen Nep=
tun's. Mein Geheimniß um den Preis des Eurigen! Wo
nicht, so gehe Jeder seinem Abenteuer nach und hüte sich vor
dem Gesetz von England.

Rich.

Nun denn, auf Euer ehrliches Milchgesicht hin! Ich bin ein
Edelmann und wandere verkleidet in den Straßen Londons,
um ein Pfeifchen Tabak in Frieden rauchen zu können. Ist
das nicht einfach?

Isabella.

Zu einfach für jeden Verstand, der nicht sehr einfach ist!
(Bei Seite.) Und doch behagt mir diese Einfachheit! Ich war
auf ein schlimmeres Schätzchen gefaßt, als die Pfeife! (Laut.)
Gewiß habt Ihr eine Geliebte oder eine Braut?

Rich.

Freund, ich habe eine Braut. Und gerade sie hat mir
das Rauchen verboten.

Isabella.

Verstellt Euch nicht! Ich wette, diese Maske hat einen
Zweck, von dem die Eifersucht nichts wissen darf.

Rich.

Beim Himmel, nein! Ich bin der treueste Schäfer, der
je nach dem Zipfel eines Busentuchs seufzte. Genau genom=
men gleich' ich noch mehr einem Schaf, als einen Schäfer,
denn meine Braut ist ein Wolf, der mich mit Launen er=
würgt, und doch — liebe ich sie rasend.

Isabella.

Und doch betrügt Ihr sie mit dieser Pfeife im Munde?
Fürchtet Alles, wenn sie es erfährt!

Rich.

Oh, sie wird nichts erfahren!

Isabella.

Offenheit um Offenheit! Ihr vermuthet wohl, ich sei
Eures Gleichen, ein Edelmann, aber der geringste Karren=
schieber in London hat mehr von Eurer Art, als ich! —
Kurz, ich bin — ein Weib! Ja! Und was noch mehr ist,
eine Dame vom Hof, die einen hübschen Bräutigam hat.

Rich (für sich).

Diese Stimme! Diese Art! Wo hatt' ich meine Augen? — Ihr habt einen Bräutigam, sagt Ihr? und er duldet so vermummte Abenteuer?

Isabella

Oh er wird nichts erfahren! Und überdies liebt er mich rasend! Er macht sich zum Bettler durch Geschenke für mich; erst heute schickte er mir einen kostbaren Schleier.

Rich (für sich).

Sie ist's! Isabella!

Isabella.

Ist so viel Liebe nicht rührend?

Rich (für sich).

Es schwindelt mir! Isabella, die spröde tugendstolze Isabella! (laut.) Ich dächte, so viel Liebe verdiente einen besser'n Lohn.

Isabella.

Was fällt Euch ein? Ich liebe ihn genau so, wie er mich, denn wiewohl er mich rasend liebt und dabei etwas einfältig ist, so weiß ich doch gewiß, daß er nach der Sitte dieser Zeit ein zweites Liebchen neben mir hält. Soll ich einfältiger sein, als die Einfalt? Nein, auch ich habe meine Geheimnisse!

Rich (bei Seite).

Tod und Teufel!

Isabella.

Kommt, Ihr sollt für heute mein Ritter sein! Verlangt von mir, was Ihr wollt, nur keine Treue, denn ich bin ein Kind meiner Zeit.

Rich (bei Seite).

Es sprengt mir die Brust! Geduld!

Isabella

So schweigsam, Freund?

Rich.

Ihr sollt mich noch gesprächig finden, verlaßt Euch darauf!

Isabella (bei Seite.)

Gefangen in Deiner eigenen Schlinge! So rächt sich ein Weib! (laut.) Euern Arm, schöner Freund. (Er reicht ihr nach kurzem Kampf mit hastiger Geberde den Arm und eilt nach links mit ihr ab.)

Verwandlung.

Wirthszimmer einer Schenke am Paulswerft.

Vierte Scene.

König und Hai treten ein.

König.

Ei, wo blieb unser Jüngling?

Hay.

Vor der Thür,
Mit unserm Wirth zu sprechen, wie mir dünkt.

König.

Ich sag' Euch, Freund, am besten ist empfohlen,
Wen die Natur empfiehlt. Der Jüngling hier,
So arm er scheint, ist reich, denn in ihm wohnt
Das glückliche Geheimniß jener Macht,
Die Aug' und Ohr zu süßer Sklaverei
Verdammt, ja selbst den finstern Löwen Menschenhaß
Mit Lächeln zähmt und vor den Wagen fesselt.
Sprach je mehr Witz aus einem jungen Körper?
War je ein Körper würdiger geformt
Den schönsten Geist zu spiegeln? Dem Krystall
Gleicht dieses Auge, auf der Wange blüht
Die zarte Rose unbefleckter Jugend.
Kein Tritt, kein Hauch, worum die Grazien
Nicht wissen, und das Ganze, morgenfrisch,
Jetzt eine holde Knospe der Natur,
Verspricht den schönsten Mann.

Hay.

Ei, meint Ihr wohl?
(für sich.) Nur zu! Viscount Rochester mag sich vorseh'n,
Sonst wird er vor dem Tode schon beerbt!

Fünfte Scene.

Vorige. Harriet einen Teller mit vollen Gläsern tragend, hinter
ihr der Wirth, der eine Flasche auf den Tisch setzt und abgeht.

Harriet (vor dem König).

Ein Trunk für Götter, nicht für Menschen!
Ich schwöre d'rauf, und kein gemeines Kleid

Verhüllt es mir: Ihr seid verkappte Götter,
Herabgestiegen zu der Menschen Hütten,
Und ich will Euer Ganymed sein!
(credenzt niederkniend dem König, dann Lord Hay.)

König.

Optime! optime!

Hay.

Ja optime! Steckt mich der Schwindel an?
Der Junge weiß zu sprechen.

König.

Mein holder Ganymed, thut uns Bescheid!

Harriet.

Lang' lebe König Jakob! Fehl' ihm nie ein Freund,
Der ihm die Wahrheit sagt! (stößt an, trinkt.)
Doch seinen Feinden
Ergeh' es so! (wirft das Glas zur Erde, daß es zersplittert.)

König.

Optime! Mehercle! Optime! Kein Hofmann
Reicht an den Knirps heran!

Hay (bei Seite.)
Jetzt liegt der Baum!

Harriet. (sich zwischen K. Jacob und Lord Hay an den Tisch setzend).
Ein wunderschöner Trinkspruch! Ach, wie schade,
Daß König Jakob ihn nicht hört! Mir däucht,
Ein König sollte Alles hören, Alles
In seinem Land. Nicht doch! Er hörte sonst
Die tausend Seufzer der Gesang'nen auch;
Das brächt' ihn um den Schlaf.

König.

Was taucht auf einmal
So Euern Blick in Gram?

Harriet.

Verzeihung! Ach!
Stets muß ich weinen, wenn ich an den armen
Gesang'nen denke. Wirklich, bester Herr,
Ich bin nicht, was ich scheine. Dieses Schwert
An meiner Seite kündet einen Mann,
Doch mein Gemüth ist weiblich. Tröste Gott
Die Traurigen!

König.

Die Zeit bringt Euch zur Reife. —
Lebt Euer Vater noch?

Harriet.

Er lebt, mein Herr.

König.

Hat er der Kinder mehr?

Harriet.

Mein Vater, Herr,
Hat eine Tochter, doch die Tochter ist
Nicht meine Schwester.

König.

Ei, wie kann das sein?

Harriet.

O Scherz, mein Herr! Ein unerhörter Einfall
Trieb sie von Hause fort, als Mann verkleidet,
D'rum sagte ich, sie sei nicht meine Schwester.

König.

Ha ungerath'ne Frucht! Vermuthlich hing
Sie irgend einer tollen Liebe nach?

Harriet (schwermüthig).

Ja, einer Liebe, Herr!

König.

Jedoch Ihr selbst —
Was denkt Ihr hier zu thun? Ich nehme an,
Daß Ihr gleich Tausenden nach London kommt
Mit leerem Beutel, Euer Glück zu suchen.

Harriet (mit Empfindung).

Oh recht gesagt! Mein Glück ist's, was ich suche,
Und find' ich's nicht, kehr' ich wohl nimmer heim.

König.

Ei, nur das Haupt empor! Sprecht, seid Ihr wohl
Der Feder kundig?

Harriet.

Wie ein Schriftgelehrter
Und Pharisäer, Herr, Ihr dürft mir's glauben,
Denn wenn ich niemals auch ein Weib geliebt,
Schrieb ich doch schon die feinsten Liebesbriefe.

König.

Zu früh, zu früh!

Hay (bei Seite).

Ei was! Ein rechter Hahn

Uebt zeitig sich im Kräh'n!

König (zu Harriet).

Hört an, mein Freund!

Ich bin ein Mann, mit Gütern reich gesegnet,
Der viel Beamte hält in seinem Dienst.
Gerade jetzt fehlt mir ein Sekretär —
Wär Euch der Platz genehm

Hay (bei Seite).

Ein hübscher Spaß, wenn er „nein" sagte!

König.

Was sagt mein Ganymed?

Harriet.

Was ander's, Herr,

Als Dank und wieder Dank — und dennoch, nein!
Verzeiht, mein Herr, doch wenn ich Dienste nehme,
Ist's nur bei König Jakob selbst.

König.

Beim König also wollt Ihr Dienste nehmen?

Harriet.

Das fragt mich erst, wenn ich ihn kenne.
Ich diene selbst mit meinem ganzen Herzen,
D'rum dien' ich nicht, wo ich nicht lieben kann.

König.

Gesetzt, der König gliche ganz mir selbst,
Sprecht, könntet Ihr ihm dienen?

Harriet (enthusiastisch).

Ja fürwahr!

Und mit der Inbrunst einer ersten Liebe!

König.

Wohlan denn! Götter sind wir nicht, doch Einer
Von uns der Erste, Höchste nach der Gottheit.
Schlagt ein, mein Freund! (Bietet ihm die Hand).

Es ist der König selbst,

Der diese Hand Euch bietet

5

Harriet.

Ihr der König?
Kein übler Spaß! Meint Ihr mich so zu fangen?
Nein, es gelingt Euch nicht!

König.

Auf falsche Spur
Geht Euer Argwohn. Glaubt, ich bin der König!

Harriet.

Glaubt mir, ich glaub' es nicht!

Hay.

So glaubt denn mir,
Gesell, Ihr steht vor Seiner Majestät!

Harriet.

Wer seid Ihr selbst? Ich weiß, der König von England
Trägt keine platte Mütze!

König.

Der Junge macht mich toll!
(Bei Seite.) Und doch, erwägt man jeden Umstand recht,
Ist's ihm nicht zu verdenken. Wüßt' ich's selbst
Nicht, wer ich bin, ich glaubt' es keinem Andern!
Mylord, noch einmal werd' ich zum Thrannen
An Euren alten Beinen. Eilt in's Schloß
Zurück, ich bitt' Euch! laßt vom Kämmerer
Euch übergeben meinen Siegelring
Und bringt mir den hierher.

Hay.

Zu Euren Diensten,
Mein gnäd'ger Fürst! (Bei Seite). Ich glaub' an Vorbedeutung!
Der Junge stirbt noch als Großsiegelbewahrer! (Ab.)

Harriet (bei Seite).

Ist das nicht schon ein Strahl von Gunst? Gemach,
Das Schwerste bleibt zu thun!

Sechste Scene.

Vorige. **Thomson** aus einer langen Pfeife rauchend. **Wirth** folgt.

Harriet (bei Seite).

Mein eigener Vater mit der Pfeife! Ach, der kommt mir sehr gelegen!

Wirth.

So spät noch von der Werfte, Meister Thomson?

Thomson.

Haltet Euer Maul, Sam! Ein Gläschen vom Besten! (Wirth ab.)

König.

Oh Anblick zum Entsetzen! der Geselle
Trägt einen ganzen Weberbaum im Munde.
(Der Wirth kommt mit einem Glase.)

Thomson.

Stell's zu dem Herrn! — Guten Abend der Gesellschaft!

Harriet.

Gleichfalls, Herr! (Für sich.) Ach guter Vater, wenn du wüßtest! Er wird Se. Majestät nicht übel einräuchern!

Thomson (setzt sich neben den König).

Mit Verlaub!

König (zurückrückend, für sich).

Puh! Wie das Ungeheuer qualmt!

Thomson (rückt nach und bläst dem König den Rauch in's Gesicht).

Ein hübsches Nebelchen heute Abend, Herr!

König (rückend).

Ja und der Teufel! (Für sich.) Die ganze Hölle haucht mich an!

Thomson.

Die Herren kommen über den Kanal herüber?

Harriet.

Nein, Herr, wir sind aus der Grafschaft Wales!

5 *

Thomson.

Thut mir leid um Euch! Hol's der Henker, wenn ich nicht dachte, die Herren wären vom Ausland.

König.

So scheint's, daß Ihr es für ein Unglück haltet,
Ein Bürger dieses Reichs zu sein?

Thomson.

Das thu' ich, Herr! Das heißt — versteht mich recht, zum Henker — nicht als hätt' ich kein treues englisches Herz in der Brust! Die gute Zeit und Alt-England, Herr! Darüber ging nichts, im Himmel und auf Erden nichts, aber das ist jetzt glücklich vorbei. Kurz und gut, Herr, das schottische Regiment taugt nichts!

(Bläst dem König den Rauch in's Gesicht. Dieser rückt zurück.)

Harriet (bei Seite).

Armer König! Nun ist er doppelt in der Falle!

Thomson (nachrückend, den König den Rauch in's Gesicht blasend, schlägt auf den Tisch).

Taugt nichts, sag' ich Euch!

König (rückend).

Ihr urtheilt streng! Ich fürchte, Ihr verlangt
Selbst vor dem besten Regiment zu viel?
Die gute Zeit? Ei Mann, die gute Zeit
Hat ihre Zeit. Wer hält sie, wenn sie geht?
Und eine Zeit, die in sich selber wurmt
Und krankt, kurirt kein Engel auf dem Thron,
Kein Engel, Mann! Doch immer war's die Art
Der schwachen Geister, alles Glück und Unheil
Von Oben zu erwarten. Sorge der König
Für Sonnenschein und Regen! Mag er seh'n,
Wo er ihn her bekommt!

Thomson.

Der König? Ja, da nennt Ihr mir den rechten! Was wollt Ihr vom König Jakob sagen, als: Gott bess're ihn! Sorgen? Ei ja, er sorgt, Herr, er sorgt Tag und Nacht für seine Falken und Jagdhunde und all' die andern guten Freunde und Schmarozer, disputirt Euch auch aus der Bibel trotz dem Erzbischof von Canterbury, aber um's Volk, seht ihr, kümmert er sich wenig, außer wenn er Geld braucht.

Harriet.

Wie, mein Herr? Sagt nicht alle Welt, das beste Herz am Hofe sei das des Königs?

Thomson.

So dacht ich auch einmal. Aber kommt Zeit, kommt Rath! Ich selbst könnt' Euch ein hübsches Stückchen von dem guten Herzen erzählen.

König.

Wie? Eine Kränkung, die Euch selbst betrifft? Unmöglich!

Thomson.

Was heißt Ihr unmöglich, Herr? Denkt, Ihr habt ein einziges Kind und seid auf seiner Hochzeit wohlauf, und mitten d'rin, da alle Vettern und Basen beisammen sind, da alle Unkosten gemacht sind, reißt man Euch den Schwiegersohn weg, so recht vom Altar weg, bloß weil der arme Junge sich bei einer Pfeife des Lebens freute! — Daß er ihn aus dem Dienst jagte, wollt' mich gar nicht kümmern!

König.

Aus dem Dienst?

Thomson.

Aus dem Dienst, sag' ich. Aber das ist einerlei! Jeder Narr tanzt auf seine Kosten!

König (für sich).

Bei Gott, er meint den Calvert!

Thomson.

Ja, ein Narr, kein König! Fort mit ihm, sag' ich! Ich wollt', er säße auf dem hintersten Felsen von Hochschottland und eine Heerde Geisen um ihn her — das wär' sein Geschäft!

König.

Herr, Ihr geht weit! Wie, wenn der schlimme König das wieder hörte?

Thomson.

Das wär' mir eben recht! Kommt Ihr zu ihm, so richtet es ihm aus — ein Narr, ein alter schottischer Narr, kein König, und ich heiße John Thomson! (Steht auf.) Nein,

ich will nicht daran denken! Etwas Luft oder die Reife
springen mir am Faß! Entschuldigung, Herr! Gleich bin
ich wieder zurück! (Ab.)

Harriet.

Angenehme Aussicht! (Für sich.) Jetzt ist's Zeit! (Sie
zieht Calvert's Pfeischen herbor und fängt an es zu stopfen.)

König.

Das ist der Teufel selbst! (Zu Harriet.) Was macht
Ihr da?

Harriet.

Ich stopfe mir mein Pfeischen.

König.

Entsetzlich! Lauert das verhaßte Kraut
Auf mich bei Schritt und Tritt? Junger Mann,
Sagt, wißt Ihr, was Ihr thut?

Harriet.

Ei, warum nicht?
Ich thue, was ich jeden Tag gethan.

König.

Gestalt und Anstand eines Engels — ach
Und doch verderbt! Verführter junger Mann,
Ich sag' Euch, dieses Tabakrauchen ist
Das schrecklichste der Laster, Teufelsdienst,
Selbstmord an Leib und Seele!

Harriet.

Entsetzlich!

König.

Dieses glatte Pfeischen,
Mein junger Herr, ein Spielzeug, wie es scheint,
Ist nichts geringeres, als eine Kralle
Des Satans, lauernd nach Euch ausgestreckt —!

Harriet.

Seid Ihr nun fertig? So erlaubt mir gütigst,
Auch Euch zu sagen, was das Rauchen ist,
Wie mich's ein Freund gelehrt. Als der Konstabler
Des Himmels, jener Engel mit dem Schwert,
Den Adam aus dem Paradiese trieb,
Da bückte sich der arme Mann, und brach
Ein Kräutlein sich am Wege, zur Erinn'rung

An den verwirkten lichten Himmelsgarten,
Zum Trost im Dunkel der Verbannung, ja
Zum Unterpfand der Hoffnung. Dieses Kraut
Hieß er Tabak. Und Tabak rauchen heißt
So viel, als sich an's Paradies erinnern,
Als Duft vom Paradiese athmen — kurz,
Ein himmlischer Genuß!

König.

Wahnsinn Wahnsinn!
Schon gut! Ihr kommt aus einer schlimmen Schule!
Das sag' ich Euch im Voraus, seid Ihr erst
Mein Sekretär, so hört das Rauchen auf!
Die Pfeife duld' ich nicht in meinem Dienst.

Harriet.

Ist's möglich? Dann verzeiht, mein Herr, ich kehre
Flugs Euer Wort herum! Hört in der That
In Euerm strengen Dienst das Rauchen auf,
So werd' ich nimmer Euer Sekretär!
Wohin ich gehe, geht mein Pfeifchen mit.

König.

Sprecht Ihr im Ernst? So logt Ihr, da Ihr spracht:
Ihr liebtet mich! Die Liebe zeigt Gehorsam.

Harriet.

Die Liebe zeigt Geduld. Wenn Ihr mich liebtet,
Mißgönntet Ihr mir auch mein Pfeifchen nicht!

König.

Ach armer Junge!
Säht Ihr doch in mein Herz! Ich mein' es gut!
Nicht des Tyrannen Laune spricht aus mir!

Harriet.

Wie, so bewegt?

König.

Ich wär' es nicht,
Liebt' ich Euch weniger! — Lest eines Vaters
Bekümmerniß aus meinen Augen. Laßt
Das Rauchen sein! Bedenkt, ein König ist's,
Der Euch d'rum bittet!

Harriet.

Wohl! Ihr habt gesiegt!
Da Ihr mich wie ein echter Vater liebt,
Bin ich ein echter Sohn. Seht, meine Pfeife
Zerbrech' ich hier. — Doch nein! Zuvor, mein Herr,
Bitt' ich mir Etwas aus.

König.

Was wäre dies?

Harriet.

Leicht scheint entsagen dem, der nie genoß.
Ihr könnt unmöglich meine Liebe schätzen,
Eh' Ihr das Opfer schätzt, das sie Euch bringt.
D'rum bitt' ich schönstens, raucht mir ein paar Züge
Aus diesem hübschen Pfeifchen!

König (heftig abwehrend).
Vade retro!
Um keinen Preis!

Harriet.
Wie, Herr? Die Kleinigkeit
Ist Euch zu viel? Ich opf're Euch ein Gut,
Mir theuer fast, wie Luft und Augenlicht,
Und Ihr versagt mir einen Bettelpfennig?
Nun seh' ich klar, man spielte nur mit mir!
Lebt wohl, mein theurer Herr. Vergeb' Euch Gott!
Ihr stahlt mein Herz und ließt mir Euern Spott!
Die arme Blume, kaum zum Lenz erwacht,
Sie neigt ihr müdes Haupt in Todesnacht.
(Sie scheint abgehen zu wollen.)

König.
Halt ein! (Für sich.) Der Junge hat mir's angethan!
(Laut.) Sagt, was Ihr von mir wollt!

Harriet.
Nur ein paar Züge
Aus diesem Pfeifchen, bester Herr, beliebt's?

König. (Mit sich kämpfend.)
Nein, nein, es kann nicht sein!
Mein Ganymed, verlangt nur dieses nicht,
Sonst jede Gunst!

Harriet. (Zu seinen Füßen stürzend.)
Nichts, nichts als dieses Eine!
Nichts in der weiten Welt!

König.
Beim Himmel, Thränen!
Ei das ist seltsam!

Harriet.
Ein paar Züge nur,
Wenn Ihr mich wirklich liebt Oh Alles, Alles
Setz' ich auf einen Wurf, Glück, Hoffnung, Leben!

König.
Wie? Euer Leben?

Harriet.
Fragt nicht weiter! Oh!
Ich kann nicht mehr! Erbarmen, Herr! Wo nicht,
Sei hier mein Grab — zu Euern Füßen.

König (erregt.)
Nein, süßer Junge, sterben sollt Ihr nicht!
Gebt her!

Harriet (springt auf).
O tausend, tausend Dank! (Gibt ihm die Pfeife.)

König (für sich).
„Er spricht
Wie König Jakob vom Tabak" — nicht länger
Soll dieser Spötter Irving Recht behalten.
Bei Gott, ich wag's! Und doch —
Wie schickt man sich zu dem Geschäft?

Harriet.
Sehr einfach!
Ihr nehmt das Pfeischen in den Mund und zieht.
(Sie macht Feuer.)

König (für sich.)
Nur ein paar Züge!

Harriet.
Es brennt schon! Seht Ihr, Herr?

König.
Ja, ja, es brennt! Die Hölle brennt noch besser!

Harriet (legt den Schwamm in die Pfeife).

Jetzt zieht! — Ei, Herr, Ihr blickt so scheu! Macht Euch
Das arme Pfeifchen bang?

König.

Das Pfeifchen nicht,
Nur das, was nach kommt!

Harriet.

Zieht doch, lieber Herr!

König.

Jacta est alea! und Gott verzeih'
Mir meine Sünden! (Er raucht.)

Harriet (für sich).

Schach dem König! Oh Calvert,
Du bist gerettet! —
Nun, Herr, wie thut's? Vortrefflich ohne Zweifel!
Ich rauche nur vom besten. — Großen Dank!
Es ist nun schon genug!

König.

Ei, laßt mich nur!
(Für sich.) Hm! Meiner Seel, das schmeckt so übel nicht!

Harriet.

Das Pfeifchen schenk' ich Euch. Ich bitte, nehmt's
Als Denkmal meiner Liebe.

König.

Meiner Thorheit!
Das lautet besser!
(Wirft die Pfeife auf den Tisch, springt auf.)
Was für ein Geschmack
Ist das auf einmal? Puh! Mir wird ganz übel!
Ist das der Teufel schon?

Harriet.

Was fehlt Euch, Herr?

König.

Ja, wüßt' ich's selber! Puh!

Harriet.

Wenn Ihr's verlangt,
So stopf' ich frisch, mein Herr!

König.
Ja und der Teufel!
Ich hab' genug!

Harriet.
Wie ist Euch jetzt?

König.
Gottlob,
So leidlich. Eure Hand! — Puh! Ihr seid theuer
Erkauft, mein Junge! (Für sich.) Sagt mir, was Ihr wollt,
's ist doch ein Teufelskraut!

Siebente Szene.

Vorige. Rich. Isabella.

Isabella.
Wahrhaftig, ich bin es müde, an Euerm Arm zu wan=
dern, Ihr werdet jede Minute langweiliger. Gott befohlen,
hier wittr' ich beffern Troft! (Zu Harriet.) Holdefter der Sterb=
lichen! Hellstrahlender Adonis! Erlaubt, daß ich neben Euch
Platz nehme. (Setzt sich.)

König (für sich).
Der kecke Burſch mißfällt mir ſehr! Gebt Acht,
Ein Geier ist, der auf mein Täubchen ſtößt.

Isabella (zu Harriet).
O Ihr seid schön! Glücklich die Schöne, die Euch Gemal
nennen dürfte.

Harriet.
Meint Ihr, Herr? Ach ich ſchwöre Euch, die glückliche
Schöne wäre mich schnell ſatt!

Rich (für sich).
Wie, faßt die neue Angel nicht? Abgefeimte Buhlerin!

Isabella (zu Rich).
Was murmelt Ihr da, Freund? Habt Ihr geträumt?

Rich.
O ja, geträumt! Doch jetzt erwacht!

Isabella.

Ei Mylord Rich, ging Euch das Pfeifchen aus?
Mylord, Ihr seid entschleiert!

Achte Szene.

Vorige. Drei Konstabler bringen Hay gefangen herein. Wirth.
Thomson.

1. Konstabler (hinausrufend).

Umstellt das Haus, laßt Niemand aus noch ein!

König.

Ha, was ist das?

Hay

Eine Kleinigkeit! Ein bischen verhaftet, Herr!

Isabella (für sich).

O weh, wenn man mich nach meinen Papieren fragte!

2. Konstabler.

(Auf den König losgehend.) Aha, Vogel! Haben wir Euch?

3. Konstabler.

Er ist's, ich kenn' ihn an seinem maushaarigen Bart und
den dünnen Beinen!

1. Konstabler.

Euren Namen. Herr?

König.

Was wollt Ihr, Leute?

2. Konstabler.

Ei Männchen, nur nicht verstellt! Wollt Ihr's leugnen,
daß Ihr mit dem alten Graukopf da vorhin aus Whitehall
herauskamt?

Dritter Constabler.

Ja, damals verloren wir Eure Spur, aber diesmal
fingen wir einen Spitzbuben durch den andern.

König.

Spitzbuben?

Erster Konstabler.

Kurz und gut, Herr, ich verhaft' Euch im Namen König Jakob's! Ein Buch ist Sr. Majestät heute Morgen gestohlen worden, und es müßte wunderlich hergehen, wenn der Dieb nicht in Euern Kleidern steckte.

König.

Ei, das ist unerhört!

Erster Constabler.

Könnt Ihr Euch ausweisen, was Ihr im Palaste zu thun hattet? — Schon gut, Herr! Der Eine hat des Königs Siegelring, der And're hat des Königs Buch, ich wette d'rauf!

König (für sich).

Ein saub'rer Handel! Hier mich zu entdecken,
Wär gegen meine Würde!

Erster Constabler (zu Rich und Isabella).

Eure Namen?

Rich.

Matrosen, Herr!

Erster Constabler.

Wie heißt Ihr? Von welchem Schiff, welchem Kapitän?

Isabella (für sich).

Gott steh' mir bei! Das Alles steht nicht in meiner Rolle!

Erster Constabler.

Keine Antwort? Gut, Ihr geht auch mit! Hm! Das Beste ist, wir heben die ganze verdächtige Gesellschaft aus.

Thomson.

Seid Ihr verrückt? Ich bin ein Londoner Bürger!

Wirth.

Herr, ich bin der Wirth!

Erster Constabler.

Vor dem Sheriff verantwortet Euch! Fort!

König.

Erlaubt dies das Gesetz?

Erster Constabler.

Gesetz? Wir dienen König Jakob! Mann, der fragt nach keinem Gesetz.

Zweiter Conſtabler.

Fort, Diebsgeſindel!

Hay (zum erſten Conſtabler).

Freund! Ihr wißt nicht, wen Ihr vor Euch habt!

Erſter Conſtabler.

G'rade darum! Ich fürchte, ich habe nichts Gutes vor mir!

König (zu Hay).

Spart jedes Wort! der Kerl kennt kein Erbarmen:
(Für ſich.) 'S iſt ausgemacht, ich bin mein eig'ner Dieb
Und muß in's Hundeloch! Der Calvert wird
Sich freu'n, wenn er mich ſieht. Mein Ganymed,
Seid unbeſorgt: ein Wörtchen macht uns frei;
Doch will ich mich zu and'rer Zeit entdecken!

Harriet (für ſich).

Ich auch! (Steckt das Pfeifchen zu ſich).

Erſter Conſtabler.

Vorwärts, vorwärts!

Thomſon.

Da ſchlag' ein ſiebenfarbiges Wetter b'rein! Heute Mittag
meinen Schwiegerſohn gegen das habeas corpus und jetzt
mich! (Zum König). Nun, Herr, wir gehen zuſammen! Wie
gefällt Euch das neu'ſte Stückchen vom König Jakob!

König.

Ja und der Teufel! 'S iſt das ſeltſamſte,
Das er noch lieferte. Doch, bitt' ich, laßt
Den König Jakob jetzt in Ruh: Sein Bündel
Iſt ſchwer genug! (Schickt ſich zum Gehen an.)

Hay (für ſich).

Glückſel'ges England, hier haſt du was zu lachen!

(Alle wenden ſich zum Gehen.)

Der Vorhang fällt.

Vierter Act.

Empfangssaal in Whitehall.

Erste Scene.

Rich und Rochester im Gespräch.

Rich.

Denkt Euch den ganzen lächerlichen Aufzug! Der König dreier Reiche wie ein erwischter Gänsedieb vor dem Sheriff! Und der alte Sünder Lord Hay, den ich an der Stimme erkannte, und ich und Isabella, und das übrige Gelichter hinten d'rein! Eine wahre Zigeunerbande!

Rochester.

Der Augenblick verdiente einen Maler!

Rich.

Se. Majestät verfügte sofort allgemeine Freilassung und weiß noch jetzt nicht, wer seine Leidensgefährten waren.

Rochester.

Eine Neuigkeit für die andere, Freund! Der Herzog von Lennox hat auf sein Amt verzichtet und ist mit seinem Söhnchen und den drei langen Pfeifen nach Schottland abgereist!

Rich.

Das hätt' ich prophezeihen wollen! Und die Herzogin?

Rochester.

Das ist eben der Spaß! Er wollte die Alte hier sitzen lassen, aber sie ist ihm über Hals und Kopf nachgereist!

Rich.

Der arme Herzog!

Rochester.

Der König war außer sich über die Nachricht. Zuerst schimpfte er auf den Herzog, dann auf die Weiber, dann auf den Teufel und zuletzt auf sich selbst — und der Schluß des Liedes war: „Mein armer treuer Diener! Vae et dolor! Wer bringt mir ihn zurück?"

Rich.

Die Lection gönn' ich ihm!

Rochester.

Verlaßt Euch darauf, es vergehen keine acht Tage, so findet er einen Vorwand, ihn zurückzurufen.

Rich.

Still, da kommt Se. Majestät!

Zweite Scene.

Vorige. König. Prinz. Hay. Montgomery. Chandos. Cecil. Irving. Elisabeth. Gräfin. Lady Chandos. Isabella. Gefolge.

König.

Mylord's Montgomery und Chandos, gern
Aus der Prinzessin Mund vernahmen wir,
Daß unser strenger Ernst von gestern Morgen
Euch glücklich auf den Weg zurückgeführt,
Darauf die guten Unterthanen wandeln
Ihr sagt Euch feierlich vom Rauchen los.
War es nicht so?

Montgomery.

Das thun wir, gnäd'ger Fürst!

König.

Nun, Myladies!
Seid Ihr mit König Jakob nun zufrieden?

Gräfin.

Mein gnäd'ger Fürst, wann waren wir es nicht?

Elisabeth.

Die Ladies sind erschienen, Euch zu danken,
Mein gnäd'ger Vater!

König.

Ha! mit gutem Grund!
In Wahrheit wart' Ihr schon so gut als Witwen!
Wir gaben Eure Männer Euch zurück,
Doch adjuvante deo! Was meint Ihr, Lord-Kanzler?

Cecil.

Daß durch einen Auserwählten
Der Himmel hier ein Wunder thut!

Rochester (zum Prinzen)

Der Heuchler! Seht,
Wie er den Blick verdreht!

König.

Nun, Gott sei Dank!
Das wäre abgemacht!

Isabella (tritt vor).

Entschuldigung, mein gnäd'ger Fürst —

Rich (zu Rochester).

Ha, das gilt mir, verlaßt Euch d'rauf!

König.

Nun, Lady Cope?
Das ist mein Trost — Ihr habt noch keinen Ehemann,
Den Ihr verklagen könnt.

Isabella.

Zwar keine Ehefrau
Bin ich, mein Fürst, doch hat, wie Euch bekannt,
In einer schwachen Stunde dieser Lord
Mich zu dem Schwur verleitet es zu werden.
Was sagt Ihr, gnäd'ger Fürst, wenn Ihr vernehmt,
Daß dieser feine Lord die Tabakspfeife
Mehr liebt als seine Braut, und Tag für Tag
Bei Walter Raleigh in die Schule geht.

Rochester (zu Rich).

Macht Euer Testament, Freund!

Isabella.

Ich wußt' es längst und wehrte seinem Thun
Mit manchem guten Wort. Doch hat Gomorrha
Nicht die Geduld des Himmels aufgezehrt?
Mein Fürst, ich bin zu Ende!

6

König

Gott sei Dank!
Nun, Mylord, hört Ihr das?

Rich (verlegen).

Majestät, ich wüßte nicht —

Isabella.

Befragt ihn doch, mein Fürst,
Ob man nicht gestern bei Matrosen ihn
Und anderm niedern Volk in einer Schenke
Am Paulswerft rauchend traf.

König (für sich).

In einer Schenke?
Am Paulswerft? Hm, der Teufel mag ihn fragen,
Ich frag' ihn nicht!

Isabella (zu Elisabeth).

Seht, wie dies Wörtchen Seine Majestät verblüfft!

Elisabeth.

Der Majestät schlägt das Gewissen.

König.

Nun, nun, Herr Bräutigam?

Rich.

Wohl geb' ich zu,
Mein Fürst, daß ich in meinem Leichtsinn gestern
Ein Pfeifchen oder zwei geraucht.

Isabella.

Und wo?
In einer Schenke, ja, in einer Schenke
Am Paulswerft, Majestät!

König.

Was Schenke! Paulswerft!
Der Ort thut nichts dazu! — Wie nun, Mylord?
Ein Pfeifchen oder zwei! Das sagt der Mann
So hin, als gilt es einen Pfifferling!
Das Mene Tekel, das wir gestern Morgen
Für Alle sichtbar an die Wand geschrieben,
Steht es für Euch nicht dort? Wollt Ihr allein

Trotz bieten unser'm königlichen Zorn?
Meint Ihr, weil Ihr so klein wie David seid,
Wir wären Euer Goliath?

Rich.

Nun, bei Gott!
Verzeiht, mein Fürst, wenn alle Stricke reißen,
Halt' ich mich, wo ich kann! Mein Fürst, ich sehe
Mich wie ein räud'ges Schaf hier ausgesondert;
Doch wie viel, glaubt Ihr, in der ganzen Heerde
Sind noch gesund? Hier steht Biscount Rochester —

Rochester.

Wie? Was?

Rich.

Mein Fürst, was meint Ihr wohl von ihm?

Rochester.

Plagt Euch der Teufel?

Rich.

O verzeiht, Mylord!
Zwei Schultern tragen besser! — Majestät,
Ich wette d'rauf, er hat die Pfeife bei sich.

König.

Die Probe läßt sich machen! (schickt sich an, ihn zu untersuchen.)

Rochester (sträubt sich).

Majestät,
Mein Wort darauf, verzeiht! —

König.

Spart Euer Wort, mein Sohn, ein einz'ger Griff
Stellt Eure Unschuld auf den Leuchter;
(zieht ihm ein Pfeischen heraus.) Oh!
Da ist sie schon, die Unschuld!

Prinz.

Schnell, Biscount,
Thut einen Kniefall!

Rochester.

Ja, doch nicht allein,
Mein theurer Prinz! — Majestät,
Geruht doch hier auch etwas nachzusuchen,

Just auf der Stelle, wo das kühne Herz
Von England's auserwählter Hoffnung schlägt.

König.

Entsetzlich! Ein hübsches Wespennest!
(zieht dem Prinzen eine Pfeife heraus.)
                                    Ha! ecce signum!
Ich glücklichster der Väter! Heinrich! Heinrich!
Schon viele Freuden habt Ihr mir gemacht,
Doch dieses ist die größte!

Prinz.

              Oh, mein Vater!
Ihr schmeichelt mir! Wollt Ihr der Pfeifen mehr?
Ei, nur gesucht! Ich wette auf gut Glück,
Daß dieser alte, saure Puritaner, (auf Cecil)
Der jeden Satz mit Bibelsprüchen flickt,
Krank hinter'm Brusttuch ist, wie wir!

König (entschlossen auf Cecil losgehend).

Knöpft auf, Mylord!

Cecil.

Ei, ei, mein Fürst, Ihr glaubt? —

König.

Ich glaube nichts mehr, Freund!

Cecil

Bedenkt mein Alter —

König.

              Nichts da! — Alter? was?
Der Teufel plagt die Alten wie die Jungen!
Ei Mann, Ihr macht verdammt viel Umständ'!
  (zieht ihm eine Pfeife größer, wie die übrigen heraus, er hat nun drei.)
Weltuntergang! Der alte Bau ist morsch!
Stürzt er zusammen wie ein Kartenhaus,
Ich find' es in der Ordnung! — Ei, Mylord's!
Ei, würd'ger Herr Minister! Darum also
Schlief mein Verbot im Kasten? Darum ließ
Dem Volke man die Pfeife? Vae et dolor!
Ich frage noch, wer raucht? Vergeb'ne Mühe!
Wer raucht nicht?
Wer, König Jakob einzig ausgenommen
Dient nicht dem neuen Götzen?

Montgomery (zu Hay).

Sucht er noch weiter?
Dann gnade Gott! Ich habe ebenfalls
Mein Pfeifchen bei mir!

Erster Hofmann (tritt auf).

Den Brief, mein Fürst, gab mir der Kämmerer.
Der Jemand, der ihn schrieb, verlangt sogleich
Gehör bei Euer Majestät, behauptend,
Er habe einen wichtigen Fund gethan,
Der Euch betrifft.

König (öffnet den Brief).

Ha! „Euer Ganymed!" — Man bringe gleich
Den Schreiber uns vor Augen. — Wißt, Mylord's,
Daß wir das junge Blut, das unverzüglich
Vor Euch erscheinen wird, nach reifer Prüfung
An des in Haft gebrachten Calvert's Platz
Zu unser'm Sekretär erwählt! — Ein Fund?
Gewiß mein Manuskript! Der gold'ne Junge!

Dritte Scene.

Vorige. Harriet als Mädchen.

Harriet (kniend).

Heil Euer Majestät!

Chandos.

Ein Mädchen? Was?

Rochester.

Bei Gott, der Sekretär gefiel mir auch.

König.

Ist das ein Traum?
Gesicht, Gestalt dieselben, doch — ein Weib?
Ihr wär't mein Ganymed?

Harriet

Der nämliche,
Mein gnäd'ger Fürst, der gestern Euch kredenzte!
Als Unterpfand dient mir zu allem Glück
Der Fund, den ich gethan, ein Gegenstand,

Einst mein, nun Euer, den Ihr gestern Abends
Beim Weggeh'n aus Zerstreuung in der Schenke
Am Paulswerft liegen ließt — das hübsche Pfeifchen,
Woraus mein König rauchte.

(Ueberreicht ihm die Pfeife.)

Rochert.

Was der König?

Alle.

Der König hat geraucht?

Prinz.

Gnäd'ger Vater!
Mir däucht, Ihr habt jetzt Pfeifen g'nug!

Rochert.

Triumph!

Gefangen, Majestät, gefangen! Ha,
Jetzt stimm' ich für Verbannung! Luftig, Mylord's!
Wir ziehen aus, die Majestät voran!

König.

Ja und der Teufel!
Nicht leugnen will ich, daß ich gestern Abend,
So märchenhaft es auch mir selbst erscheint,
Mit diesem Jüngling — Mädchen wollt' ich sagen —
Doch hol's der Henker, gestern war's ein Mann —
In einer Schenke saß und ein paar Züge
Aus diesem Pfeifchen rauchte — doch bei Gott!
Zur Probe nur, nicht zum Genuß! — Nun sprich,
Du seltsames Geschöpf — wie nenn' ich Dich,
Mann oder Weib? Denn einmal log der Anzug,
Heut oder gestern. Wenn Verführungskunst
Des Weibes Erbtheil ist, so schwör' ich d'rauf,
Du scheinst jetzt, was Du bist!

Harriet.

Mein gnäd'ger Fürst!

Ach zweifelt nicht, die Wahrheit kniet vor Euch!
Ein armes, schwaches Mädchen, jüngst noch reich,
Jetzt Bettlerin durch eines Königs Wort;
Ein armes, schwaches Mädchen, stark allein
Durch Liebe, die der Schwachen Kraft gegeben,
Dem König selber Schach zu bieten! O mein Fürst,

Hier auf den Knieen lieg' ich, Eure Knie
Umfaß ich — Gnade für den armen Calvert!
Ach Gnade!

König.

Calvert! Ha! Versteh' ich recht,
So wär't Ihr gar — ?

Harriet.

Des armen Calverts Braut
Und Euer Ganymed! — Und nun, mein Fürst,
Mahn' ich voll Demuth Euch an Euer Wort:
„Wenn König Jakob je bei einer Pfeife
Betroffen wird, soll dieser Calvert wieder
Des Königs Sekretär sein!"

Rochester.

Schach dem König
Und matt! Mein eig'nes Ohr verbürgt das Wort,
Das dieses kühne, wunderbare Mädchen
Jetzt vorgebracht! Ein Königswort! Mein Fürst,
Ihr könnt nicht mehr zurück!

König.

Meint Ihr? Beim Himmel!
Und ich will's auch nicht! Ha, so viel Treue
Soll nicht vergebens knie'n! Mein gutes Mädchen,
Mein Ganymed! Erhebt Euch! König Jakob
Bekennt sich überwunden! — Hier, Mylladys.
Lernt, wie man Männer liebt! — Ist nicht Calvert
Jetzt zum Verhöre im Palast?

Erster Hofmann.

Zu dienen,
Mein Fürst.

König.

Man laß ihn frei und augenblicklich
Entbietet ihn zu uns. Doch sagt ihm nicht,
Wer hier für ihn gesprochen! (Hofmann ab.)

Prinz.

Dieser Calvert
Ist zu beneiden!

Hah.

Oder zu bedauern!
Nehmt's wie ihr wollt, mein Prinz, die kleine Hexe
Hat eine schöne Nase uns gedreht!

Vierte Szene.

Vorige. Armstrong.

Armstrong.

Ein Wunder, Onkel ein Wunder!

König.

Was gibt's?

Armstrong.

Ei, ich komme von unsern Spitzbuben! Sie sind fromm geworden, Onkel, denn sie sprechen von Testament und Himmelfahrt, und ihr Mund gibt Schwanengesang von sich!

König.

Wie? Liegen sie schon in den letzten Zügen?

Armstrong.

Mitten d'rin, Onkel, verlaßt Euch d'rauf! 's ist ein Anblick zum Todtlachen! Du hast sie geliefert!

König.

Geht und bringt sie auf der Stelle uns vor's Angesicht!

(Armstrong ab.)

(Für sich) Der letzte Sieg
Ist's, der den Sieger nennt! Ei, Schach dem König!
Geduld, ich bor' Euch alle in den Grund!
(Laut.) Kommt einmal näher, Doktor! Hm, wie wär's,
Wenn wir den tödtlichen Effekt des Rauchens
An einem lebenden Exempel Euch
Bewiesen? Unsre Thesen, so zu sagen,
Euch in die Augen drückten?

Irving.

Der Erfahrung
Beugt sich die Wissenschaft! Auf diesen Druck
Laß ich mich ein!

König.

Wir zeigen Stante pede
Zwei arme Teufel Euch im Todeskampf,
Die nichts gethan, als daß sie einen Tag,
Doch ohne Unterbrechung, Tabak rauchten.
Das gilt Euch Allen, saub're Lords! Der Anblick
Wird schrecklich, aber heilsam sein.

Fünfte Scene.

Vorige. Calvert.

Calvert (knieend.)

Mein gnäd'ger Fürst!

König.

Steht auf, doch glaubt mir — nicht aus eig'ner Kraft —
Wenn es Euch glückt, so dankt Ihr's ganz allein
Dort unserm neuen Sekretär!

Harriet.

Mein George!

Calvert.

Harriet! (Bleibt mit ausgestreckten Armen stehen.)

König.

Ei, Mann! Seid Ihr denn stumm —
Und lahm dazu? — Drückt diesem Protokoll
Das Siegel auf, Herr Sekretär,
Und dann zur Hochzeit, so schnell es geht.

Elisabeth.

Wie? Heirat auf Befehl?
So bitt' ich, Väterchen, auch dieses Paar
Zur Heirat zu befehlen. (Deutet auf Rich und Isabella.)

König.

Ja, so sei's!
Wir wollen, daß die Hochzeit beider Paare
Ein Tag bescheint.

Isabella.

Den Sünder soll ich nehmen,
Und eh' er noch gestraft ist?

König.

Wenn Ihr ihn nehmt, ist er gestraft genug!
(Man hört hinter der Scene singen.)
(Spinne, spinne, braune Lise,
Spinn' dem Teufel ein Kamisol!)
Was für ein Lärm?

6 *

Sechste Scene.

Vorige. Armstrong (an jedem Arme einen der betrunkenen
Diebe führend.)

Beide Diebe.

Lang lebe König Jakob!

König.
Was ist das?

Irwing.

Kein Todeskampf, doch sicherlich ein Rausch.

Zweiter Dieb (singt).

Spinne, spinne —

Armstrong.

Still, Bursche! Wollt Ihr mißliebig werden?

König.

Fort mit ihnen!

Erster Dieb.

Majestät — mit Verlaub — wenn die Mittel reichten
— noch eine kleine frische Auflage —

König.

Fort mit ihnen, sag' ich!

Diebe.

Spinne, spinne —

(Lakaien schaffen beide hinaus.)

Rochester.

Der Anblick war nicht schrecklich, aber heilsam.

Armstrong.

Gott erbarme sich ihrer Seelen! Ich will nach und für
ein anständiges Begräbniß sorgen! Onkel, Onkel! Ihr seid
geliefert; aber da ist Trost für Euch, Onkel!

König.

So wahr ich lebe, mein Manuskript! Mein Misokapnos!

Armstrong.

Der Narr hat's gelesen, Onkel; der Narr räth Euch, es
drucken zu lassen.

König.

Schach dem König! Und matt!
Doch welch' ein König, sei er noch so mächtig,
Hat seine Zeit gemeistert!
Raucht, raucht, so viel Ihr wollt! Nur, Kinder, raucht
Nicht in des Königs Arbeitszimmer!

Alle.

Es lebe König Jakob!

Ende.

No. 75

Nachtrag

zu

Schach dem König.

Historisches Lustspiel in vier Akten

von

F. A. Schauffert.

Nachtrag.

Einige von dem Verfasser vorgenommene Aenderungen und Berichtungen, sowie ein Verzeichniß der Druckfehler enthaltend.

Wien, 1869.

Im Verlag von A. Landvogt.

Druck von J. B. Wallishausser.

PT2461
S85S+
.cL9c

Erster Akt.

Fünfte Scene.

¹⁄c. ²⁄c.

Isabella.

Schlimm für Euch, denn im Himmel begegnet Ihr mir gewiß nicht. Ihr seid ein Mann —

Rich.

Gott sei Dank! Was folgt daraus?

Isabella.

Daß Ihr zu Satans Verwandtschaft gehört und bei der Erbschaft seiner Großmutter mit ins Theil geht.

Rich.

Um so herablassender von Euch, einen aus Satans Verwandtschaft aufzusuchen.

Isabella.

Dankt es meiner Gebieterin, die mich mit einem Auftrage zu Euch befahl, und ich ging eben so gern als zu einem Begräbniß. Ihre Gnaden wünscht Euch augenblicklich zu sprechen.

Rich.

Wißt Ihr den Zweck?

Isabella.

Ein christlicher Tugendzweck.

²⁄c. ²⁄c.

Isabella. ²⁄c.

Und wir Weiber sind geborne Diplomaten.

Rich.

Ja, wahrlich, die Schlange am Baume hat euch nicht umsonst geprebigt; das Gift habt ihr von ihr geerbt. Aber worauf zielt die Prinzessin eigentlich hin? Versteh' ich recht, so sollen die armen Lords rauchen dürfen, doch nur unter gewissen Bedingungen und Einschränkungen?

Isabella. Ja, die Prinzessin ist thöricht genug dazu, denn was mich betrifft, ich würde diesem Geschlechte von Ungeheuern gegenüber keinen Finger breit nachgeben. Statt die Vögel kahl zu rupfen, will sie ihnen bloß die Flügel stutzen. Aus dem Hause mit der Pfeife, ist ihre Losung, an die Luft mit der stinkenden Salbe, dort mögen sie sie dem Himmel unter die Nase reiben, so lang er es aushält. Eine Klage vor dem König soll sie mürbe machen; mit Dreien fangen wir an, und reicht dieses Beispiel zur Abschreckung nicht, so kommen wir an die Anderen. Versteht Ihr Englisch, Mylord Rich?

Rich. Also eine Art Vergleich? Eine Vermittlung? Ach dazu wäre Lord Hay.

2c. 2c.

(Dem Stücke wurde von der Kritik mehrseitig der Vorwurf gemacht, daß die von der Prinzessin veranstaltete Klage vor dem König im ersten Akt zwecklos sei, da sie deren Erfolg durch die im zweiten Akte zu Stande gebrachte Vermittlung wieder aufhebe. Dieser Vorwurf beruht auf einem Mißverständniß über die Absichten der Prinzessin, welche von Anfang auf einen Vergleich zwischen dem männlichen und weiblichen Geschlechte hinstrebt und der Anklage vor dem König sich nur als eines Mittels zur gehörigen Einschüchterung der Männer bedient. Obige Zusätze werden das fragliche Mißverständniß unmöglich machen.

Eine Folge der vielen im Original des Lustspiels vorgenommenen Streichungen war, daß die Figur des Lord Rich über Gebühr abmagerte und derselbe der spöttischen Laune Isabellens gegenüber ein Bild kläglicher Hilflosigkeit bietet. Die ihm oben zurückgegebenen Worte haben die Bestimmung, die Meinung des Publikums über seine Geistesbeschaffenheit, soweit es für einen englischen Lord erforderlich ist, zu verbessern.

Dritter Akt.

Zweite Scene.

2c. 2c.

Lord Hay.

Eine hübsche Fastenpredigt. So geht's dem Horcher an der Wand.

König Jakob.

Beim Himmel, schwer verklagt, doch glaubt mir, Freund,
Die Leute schilderten den armen König
Euch Schlimmer, als er ist.

Harriet.

Das glaub' ich auch.

Fünfte Scene.

2c. 2c.

Harriet (enthusiastisch, aufspringend).

Ja, fürwahr,
Und mit der Inbrunst einer ersten Liebe.

König (sich erhebend, ebenso Lord Hay).
Wohlan, denn Götter sind wir nicht.

2c. 2c.

Sechste Scene.

2c. 2c.

Harriet.

Armer König! Jetzt ist er doppelt in der Falle.
Thomson (nachrückend, dem König den Rauch ins Gesicht blasend,
auf den Tisch schlagend), Taugt nichts, sag' ich Euch, auf der
Welt Gottes nichts!

2c. 2c.

Thomson.

Das wäre mir eben recht. Kommt Ihr zu ihm, so richtet's ihm aus. Ein Narr (wiederholt auf den Tisch schlagend, daß
der König in einem gelinden Schrecken um die Ecke des Tisches rückt),
ein alter schottischer Narr, und ich heiße John Thomson.

2c. 2c.

Harriet.

Entsetzlich!

König.

Dieses nette Pfeifchen
Mein junger Herr — ein Spielzeug, wie es scheint —
Ist nichts Geringeres als eine Kralle
Des Satans, lauernd nach Euch ausgestreckt,
Denn durch die Pfeife nimmt, zu Dampf entfesselt,
Der Höllenzauber seinen Durchgang, haucht

Uns an im Innersten, und Leib und Seele
Umspinnt die Raupe Siechthum, erst geheim,
Doch später schrecklich offenbar. Das Ende
Ist, wenn mit Gottes Gnade nicht der Geist
Die schlimme Fessel bricht, nach kurzem Leben,
Dem Thiere gleich, befleckt mit tausend Werken
Der Finsterniß, ein jammervoller Tod,
Der in das ewige Verderben mündet.
(Worte des Originals.)

Harriet.

Seid Ihr nun fertig? So erlaubt mir gütigst.
&c. &c.

Siebente Scene.

Isabella. &c.

Hellstrahlender Adonis! Erlaubt, daß ich neben Euch Platz nehme. (Setzt sich neben Harriet, ohne jedoch Lord Rich aus den Augen zu verlieren. Schenkt sich ein und trinkt.)
&c. &c.

Isabella (aufstehend, sich Lord Rich nähernd).

Was murmelt Ihr da, Freund? Habt Ihr geträumt?
Rich.

O ja, geträumt! Doch jetzt erwacht.

Isabella (dicht zu ihm tretend, mit scharfer Betonung).

Ei, Mylord Rich, ging Euch das Pfeifchen aus? Mylord, Ihr seid entschleiert. (Lord Rich fährt betroffen zurück.)
Rich.

Ha! Erkannt!

Achte Scene.

&c. &c.

Dritter Konstabler.

Ja, damals verloren wir eure Spur, aber jetzt fingen wir einen Spitzbuben durch den anderen.
König.

Spitzbuben?
Hay.

In der That, Herr, diese klugen Leute schlichen mir nach bis vor die Schenke, ehe sie Hand an mich legten, und machten mich so zum unfreiwilligen Wegweiser. Und wegen eines gewissen Ringes, den sie bei mir fanden, stellten sie Fragen, auf die mir die Antwort zu schwer war.

König.
Ja und der Teufel, mir auch.

Rich (betroffen).
Die Stimmen hört' ich schon.

Erster Konstabler.
Kurz und gut, Herr, ich verhafte Euch.
2c. 2c.

Thomson 2c. 2c.
Nun, Herr, wir gehen zusammen. (König Jakob an einem Arme nehmend, während Harriet demselben am andern hängt.) Wie gefällt Euch das neueste Stückchen von König Jakob?

König. 2c. 2c.
Sein Bündel ist schwer genug. (Wendet sich zum Gehen.)

Rich.
Bei Gott! Der König selbst.

Hay.
Glückseliges England! Hier hast Du was zum Lachen!

(Alle ab.)

(Vorhang fällt.)

Vierter Akt.

Erste Scene.

Rich. 2c. 2c.
Eine wahre Zigeunerbande! Und dann das Entsetzen von Sheriff und Konstablern, als Se. Majestät mit den aller= gnädigsten Worten: „Hol' euch der Teufel! Kennt ihr euern König nicht besser?" die Mütze vom Kopfe riß, und als ein rundbäuchiger Krämer aus der Altstadt vor ihnen stand.

Roch.
Der Augenblick verdiente einen Maler.

Rich.
Seine Majestät verfügte sofort allgemeine Freilassung und weiß noch jetzt nicht, wer seine Leidensgefährten waren. — Still! Man kommt.

Zweite Scene.

König.

Mylords Montgomery und Chandos, gerne
Aus der Prinzeſſin Mund vernahmen wir,
Daß unſer ſtrenger Ernſt von geſtern Morgen
Gepaart mit gnädigen Ermahnungen
Euch glücklich auf den Weg zurückgeführt.

2c. 2c.

König.

2c. 2c.

Doch adjuvante Dio. Was meint Ihr,
Lordkanzler?

Cecil (ſalbungsvoll).

Daß durch einen Auserwählten
Der Himmel hier ein Wunder that.

Roch (zum Prinzen).

Ei, wirklich?
Der Heuchler! Seht, wie er den Blick verdreht.

König.

Nun, Gott ſei Dank, das wäre abgemacht.

Herzogin.

Und ich, mein Fürſt?

König.

Ha! Auch noch die Frau Baſe?
Ein rechter Troſt für mich. — Der Henker hol's,
Wenn ich noch an die Alte dachte. — Nun?
Wie ſteht's mit dieſem Herzog? Iſt er zahm?
Ich ſehe ihn nicht hier. Kein gutes Zeichen.
Was hat er vor? Kennt Einer ſeine Abſicht?

Herzogin.

Ich nicht, mein Fürſt.

König.

Ja, meiner Seel', ich auch nicht
Und ſchwöre Euch für gar nichts. Kommt er heute
Nicht zur Audienz, ſo habt Ihr Eure Antwort,
Und habt Ihr ſie, was dann?

Herzogin.

Hierin, mein Fürſt,
Beſcheid ich mich und baue meine Hoffnung
Auf Eure Majeſtät.

König.

Auf mich? Das thut!

Auf König Jacob baut ja Alles, Alles,
Nur zu! Er ist das allgemeine Lastthier.
Sein Rücken ist ja breit, und wenn er bricht,
Was kümmerts's die Frau Herzogin?

Montgomery (zu Lord Hay).

Das klingt ja ganz anders, als gestern. Es scheint,
Se. Majestät wäre den Handel gern los.

Lord Hay.

Merkt Ihr's! Der Wind hat sich gedreht, ich hörte die
Wetterfahne knarren.

Dritte Scene.

Die Vorigen. Der Herzog von Lennox tritt durch die Mittelthüre
ein, gefolgt von seinem Sohne Arthur, und nähert sich langsam
dem Könige.

Lennox.

Mein Fürst, nach jener strengen Willensmeinung,
Die Ihr mir gestern Morgen kund gethan,
Ging ich gewissenhaft mit mir zu Rath.
Und Alles wagend, kam ich zu dem Schluß,
Daß ich die Pfeife nicht wohl lassen kann.
Deßhalb, mein Fürst, wenn auch mit schwerem Herzen,
Kehr' ich in die Verbannung meinen Blick,
Da Ihr es so befehlt, nach langem Dienst —
Der Himmel weiß, wie treu — ein Grab erspähend,
Fern Euer Majestät. Erlaubt mir denn
Hier diesen Schlüssel, Zeichen meines Amtes
Und meiner Würde, ehrfurchtsvollst zurück
In Eure königliche Hand zu legen.

(Uebergibt den Schlüssel.)

König.

Da haben wir's. Was nun, Frau Base, he?
Mensch, seid Ihr rasend? Doch, verlor'ne Mühe,
Kein Felsen, trotzig in die weite See
Hinausgestemmt, um den seit Weltenaltern
Die Brandung schäumend ihren Donner rollt,
Biegt hinter seiner Stirn mehr Eigensinn
Als solch' ein echter Schotte. — Nun, Herr Herzog,
Wo denkt man hinzugeh'n?

Herzog.

Auf meine Güter,
Nach Schottland, Majestät.

Herzogin.

O unerhört! Glaubt Ihr vielleicht, Mylord,
Ich gebe Eurer Thorheit so weit Raum,
Mit Euch mich zu verbannen? Glück zu Reise,
Ich denke nicht daran.

Herzog.

Die Frau Gemalin
Bleibt, wo sie will. Ich denke nicht daran,
Dem jungen und verliebten Volk am Hof
Den Anblick solcher Reize zu entzieh'n.
Die Nebel Schottlands sind auch viel zu rauh
Für dieses zarte Blümchen. Was den Nebel
Aus meiner Pfeife gar betrifft, der hat
Schon genug auf dem Gewissen. Ein Frage,
Mein Fürst! Nach dem Gesetz des Landes folgt
Doch wohl das Kind dem Vater?

König.

Allerdings.
Die Kinder sammt der Frau.

Herzog.

Auf die verzicht' ich.
Nun, Arthur, sprich, mein Herzensjunge, willst
Du mit nach Schottland geh'n?

Arthur.

Ja, Väterchen!
Und Tabak rauchen möcht' ich auch gern lernen.

Herzog.

Bei Gott, das sollst Du.

Arthur.

Ja, und Ringe werfen,
Und fechten wie der edle Prinz von Wales.

Herzog.

Mein Bursch, verlaß' Dich d'rauf.
Du sollst ein Mann und echter Schotte werden,
Und eine Pfeife, sind wir erst in Schottland,
Versprech' ich Dir, die größer ist als Du,
Daran Du wachsen kannst. So oft Du stopfst,

Mein Sohn, blickst Du zum Himmel auf und rufst
Mit jedem guten Britten um die Wette:
Gott segne König Jakob!

Arthur.

Gott segne König Jacob!
(König Jacob in komischer Rathlosigkeit geht unruhig hin und her,
wobei er die Beine spreizt und an seiner goldenen Kette zupft).

Rich.

Der Majestät ist schlimm zu Muth.

Hay.

Es fehlt

Ein Haar, so ging' er mit in die Verbannung.

Herzog von Lennox.

Mein theurer Fürst,

Lebt wohl. Nicht länger halt' ich hier Euch auf
Und ehrerbietig nehm' ich meinen Abschied.
(Will mit Arthur abgehen.)

Herzogin von Lennox (Arthur umfassend)

Mein Kind, mein einzig' Kind, mein Arthur! O!
Ich sterbe! Hilfe, Hilfe, Majestät!

König.

Ja, Hilfe, Hilfe! Hätte gestern Morgen
Der Teufel Eure Zunge nicht geplagt,
So wüßt' ich nichts von dem verwünschten Handel.
'S ist jammervoll!

Prinzessin.

Die arme Frau!

König.

Zum Henker!

So steht doch auf. (Dem Herzog die Schlüssel reichend.)
Ei Vetter, haltet einmal

Die Schlüssel da. Wir wollen über Nacht
Erwägen, ob sich nicht ein Ausweg findet.

Chandos.

Unser guter Herzog ist ganz verblüfft.

Rich.

Meint Ihr? Ich sage, der Alte hat gut gerechnet.

Isabella (vortretend).

Entschuldigung, mein gnäd'ger Fürst.

Rich.

Ha, das gilt mir, verlaßt euch darauf.

König.

Nun, Lady Cope!
Das ist mein Trost, ihr habt noch keinen Eh'mann,
2c. 2c.

Rich.

2c. 2c.
Just auf der Stelle, wo das kühne Herz
Von Englands auserwählter Hoffnung schlägt.

König.

Entsetzlich! Oh, ein hübsches Wespennest.
Wie Heinrich, wie? Laßt seh'n. (Ein Pfeifchen herausziehend.)
Ha! Ecce signum.
2c. 2c.

König (entschlossen auf Cecil losgehend).
Knöpft auf, Mylord.

Cecil.

Ei, ei, mein Fürst, Ihr glaubt —?

König.

Ich glaube nichts mehr, Herr. Ich sehe lieber.

Cecil.

Bedenkt mein Alter. —
2c. 2c.

König.

2c. 2c.
Wer, König Jakob einzig ausgenommen,
Dient nicht dem neuen Götzen.

Hay (mit dem inzwischen ein Kämmerer gesprochen).
Den Brief, mein Fürst, gab mir der Kämmerer.
2c. 2c.

Vierte Szene.
Die Vorigen. Harriet.
2c. 2c.

Harriet.

2c. 2c.   Dieß hübsche Pfeifchen
Woraus mein König rauchte. (Ueberreicht ihm die Pfeife.)

Roch.

Was? der König?
(Allgemeine Bewegung).

Alle.

Der König hat geraucht! der König! der König!

Prinz.

Gnäd'ger Vater
Mir däucht ꝛc. ꝛc.

Roch.

ꝛc.   ꝛc.   Ein Königswort!
                                    Mein Fürst
Ihr könnt nicht mehr zurück.

König.

                    Meint Ihr? Beim Himmel
Und will's auch nicht. Ha, so viel Treue, licht
Wie ein Juwel, in Schönheit rings gefaßt,
Soll nicht vergebes knien. Mein gutes Mädchen.

ꝛc.   ꝛc.

Fünfter Auftritt.

Die Vorigen. Armstrong.

Armstrong.

   Mitten brin, Onkel, verläßt Euch brauf, es ist ein Anblick
zum Uebelwerden. Ihr habt sie geliefert, Onkel.

König.

Himmlische Allmacht! Geht, Archie, und lasse
Sie in zwei Sänften uns vor Augen bringen,
Eilt, guter Archie, eilt.

(Armstrong ab. König für sich.)
                            Der letzte Sieg
Ist's, der den Sieger zeigt. Ei, Schach dem König?
Geduld, ich bohr' euch alle in den Grund.
(Laut.) Kommt einmal näher, Doktor. Hm! Ich gab
Euch gestern auf, den Teufel mitzubringen,
Bringt Ihr ihn mit?

Irving.

                    Nein, Euer Majestät.

König.

Nun gut, er sei in Gnaden Euch erlassen.
Ihr glaubt an Gott, für einen alten Doktor
Ist das genug. — Zur Sache boch! wie wär's
Wenn wir den tödtlichen Effekt des Rauchens
An einem lebenden Exempel Euch
Bewiesen? Unser Thesen sozusagen
Euch in bie Augen bruckten?

ꝛc.   ꝛc.

König.

2c. 2c.

Das gilt Euch allen, saubre Lords. Der Anblick
Wird schrecklich sein, doch heilsam.

Sechste Szene.
Die Vorigen. Calvert.

2c. 2c.

König.

Ei, Mann seid Ihr denn stumm
Und lahm dazu? (Zu Harriet, da er sie in Calvert's Arme führt.)
Druckt diesem Protokoll
Das Siegel auf, Herr Sekretär. Und dann zur Hochzeit
So schnell es geht!

Prinzessin.

Was? Hochzeit auf Befehl?
So bitt' ich Väterchen, auch dieses Paar
(Auf Rich und Isabella deutend)
Zur Hochzeit zu befehlen.

König.

Ja, so sei's.
Wir wollen, daß die Hochzeit beider Paare
Ein Tag bescheine. Dem alten Thomson, Kind,
Erzählt doch auch das allerletzte Stückchen
Vom schlimmen König Jakob.

Harriet.

Oh, mein Fürst,
Verzeihung —

Isabella.

Diesen Sünder soll ich nehmen,
Und eh' er noch gestraft ist?

König.

Wenn ihr ihn nehmt,
Ist er gestraft genug.

2c. 2c.

Siebente Szene.
Die Vorigen. Armstrong mit den Dieben.

2c. 2c.

König.

Kein Todeskampf, doch sicherlich ein Rausch.

Beide Diebe (singend).

Spinne, spinne braune. --

Armstrong.

Still, Burschen, wollt ihr mißliebig werden?

2c. 2c.

(Gibt dem König das Manuskript.)

König.

So wahr ich lebe,

Mein Manuskript, mein Misocapnos! Mensch,
Wie kommt Ihr zu der Schrift?

Armstrong.

Ei, wie Ihr zu Euerer Krone, Onkel. Ich fand sie am
Weg und steckte sie ein und lachte dazu. Der Narr hat's gelesen, Onkel, der Narr räth Euch, es drucken zu lassen.

Prinzessin (zu den Dienern).

Mit unserer Sache steht es schlimm.

Herzogin.

Was thun?

Hay.

Zum Rückzug blasen — alte Lärmtrompete.

König.

Schach dem König,
Und matt! Ja er ist matt. Und doch, das Rauchen
Ist Thorheit, diesen Satz vermach' ich kühn
Der Weisheit einer nachgebornen Welt,
Doch welcher König, sei er noch so mächtig,
Hat seine Zeit gemeistert?
Raucht, raucht, ich hind're es nicht, so viel Ihr wollt
Und die Frau Herzogin erlaubt — nur, Kinder,
Nicht in des Königs Arbeitszimmer.

Alle Lords.

Gott erhalte König Jakob!

Der Vorhang fällt.

Ende.

In dem Original des Stückes erscheinen der Herzog von
Lennox und seine Gemalin auch im letzten Akte wie oben
vorgetragen. Der Zeitersparniß wegen wurden die Figuren
bei der Inszenirung am Hofburgtheater gestrichen und dadurch
der Organismus des Lustspiels offenbar geschädigt, während
der Bühnenvortheil um so zweifelhafter erscheint, als die Auf-
führung am Burgtheater erfahrungsgemäß nicht einmal $2\frac{1}{2}$
Stunden in Anspruch nimmt. Diejenigen Bühnen, die — dem
Wunsche des Verfassers entsprechend — sich nicht dazu ent-
schließen, zwei scharf ausgeprägte Charaktere zu opfern, finden
im Vorstehenden die nöthige Anweisung.

Wien, den 18. Dezember 1868.

Der Verfasser.

Druckfehler.

Seite 3 Zeile 8 von unten lies „nun" statt „und" und „acht" statt „ach."

„ 4 „ 2 von oben „ „Mylords" statt Mylord."

„ 6 „ 13 von unten „ „Mister" statt „Meister."

„ 8 „ 7 von oben „ „ehelich" statt „ehrlich."

„ 8 „ 10 von unten „ „Abgrund" statt „Abgrunde."

„ 9 „ 1 von oben „ „Kind" statt „Kinder."

„ 9 „ 16 von oben „ „haud" statt „hand."

„ 10 „ 6 von oben „ „Prinzessin Elisabeth."

„ 16 „ 19 von oben „ „Schöne" statt „Schönste."

„ 16 „ 13 von unten „ „die" statt „der."

„ 20 „ 16 von oben „ „darin aufgestellte" statt „aufstellte."

„ 23 „ 18 von oben „ „lieber" statt „lieb."

„ 23 „ 3 von unten „ „dich" statt „die."

„ 26 „ 13 von oben „ „malte" statt „mahlte."

„ 27 „ 3 von unten ist das Wort „Welt" zu streichen.

„ 29 „ 8 von oben lies „wider" statt „wieder."

„ 29 „ 13 von unten „ „geheilster" statt „geheiligster."

„ 37 „ 13 von unten „ „Mylord" statt „Freund."

„ 38 „ 4 von unten „ „in" statt „von."

„ 43 „ 2 von unten nach „getroffen!" „Er nimmt!" einzuschalten.

„ 48 „ 8 von oben lies „fünf Minuten" statt Fünf."

„ 56 „ 2 von unten „ „erwäg" statt „ermäg."

„ 58 „ 16 von unten „ „klopfe" statt „klopfte."

„ 63 „ 21 von unten „ „hinan" statt „heran."

„ 71 „ 3 von unten „ „in" statt „aus."

„ 73 „ 10 von oben „ „setzt" statt „setz."

„ 74 „ 11 von unten die Worte „springt auf" zu streichen.

„ 80 „ 5 von oben lies „alter," statt „armer."

„ 82 „ 4 von unten „ „gält" statt gilt."

„ 84 „ 7 von unten „ „Kanzler" statt „Minister."

„ 86 „ 3 von oben „ „dies" statt „das."

„ 86 „ 6 von unten „ „ob" statt „ach."

„ 87 „ 22 von oben ist das Wort „ich" zu streichen."